図解

価値創造の経営学

グローバル競争時代の理論

Satoshi Komatsubara
小松原 聡

言視舎

はしがき

　人は何らかの組織の一員として社会活動に関与することで、世の中に個人の能力を超えた価値を提供しています。そのため、専門領域や職種・職位に関係なく、組織の管理メカニズムや行動原理を理解し、自分が所属している組織のパフォーマンスを高めることを常に心がける必要があります。

　その意味において、経営や組織運営に関する理論を修得することは、組織に身を置いて活動する全ての人にとって必要不可欠な基礎的素養であると言えます。逆に、研究、開発設計、営業等の固有機能に関するスキルがどれだけ高くても、経営に関する本質的な理解がなければ、組織が真に必要とするコア人材であるとは言えません。

　しかし、経営に関する学問領域のスコープはとても広く、その理論ベースや研究のアプローチも多岐に亘ります。また、経営学は集合としての人間の活動を普遍化した理論にする必要があるのですが、それは自然科学領域における現象のモデル化・理論化に比べ複雑性が高く、実際の経営の場においては矛盾する行動が合理的に見えることも珍しくはありません。このような特性があるため、経営を専門としない人にとって経営の全体観を偏りなく理解することは、決して容易なことではありません。

　本書は、経営における重要度の高いテーマに関する標準的な理論を、今後想定される重要な環境変化要因に照らして解釈することにより、これから経営に関する理論や考え方を修得しようと考えている人にとって、最も効率的にその全貌が理解できるように構成されています。

　読者の皆様が本書を通じて経営のエッセンスに触れ、今後さらに重要と考える経営領域を深堀するきっかけにしていただければ幸いです。

目　次

はしがき …………………………………………………………………3

第1章　社会における企業の役割 ………………………………………7
　1.1　価値創造システムとしての企業 ………………………………7
　1.2　市場メカニズムが働く資本主義経済下における株式会社 …9
　1.3　コーポレート・ガバナンスと企業の社会的責任 ……………13

第2章　戦略の考え方と多様性 …………………………………………19
　2.1　戦略の定義と多様性 ……………………………………………19
　2.2　戦略の階層構造 …………………………………………………20

第3章　規範的な戦略論 …………………………………………………21
　3.1　環境分析手法：SWOT分析 ……………………………………21
　3.2　事業構造改革のためのPPM …………………………………26
　3.3　競争戦略の基本フレームと競争分析モデル ………………29
　3.4　競争戦略における基本戦略 …………………………………30
　3.5　競争戦略におけるバリューチェーン …………………………33

第4章　顧客価値実現のための事業戦略 ………………………………35
　4.1　戦略ドメインの考え方 …………………………………………35
　4.2　顧客価値起点のビジネス・モデル設計 ………………………37
　4.3　顧客価値の先鋭化とバリューチェーン改革 …………………38

第5章　ダイナミックな戦略 ……………………………………………40
　5.1　ダイナミックな戦略の必要性 …………………………………40
　5.2　内部資源論 ………………………………………………………42
　5.3　学習する組織 ……………………………………………………45
　5.4　創発戦略 …………………………………………………………50
　5.5　その他のダイナミック戦略 ……………………………………52

第6章　成長戦略 …………………………………………………………55
　6.1　成長戦略の意義 …………………………………………………55
　6.2　製品市場マトリクス ……………………………………………56
　6.3　国際戦略の考え方 ………………………………………………58

6.4　日本企業の成長戦略の方向性 …………………………………63
第7章　マネジメント・システム……………………………………68
　7.1　戦略マネジメント・コントロールとマネジメント・システム……69
　7.2　管理（PDSA）サイクル ………………………………………71
　7.3　業績の評価と戦略マネジメント・コントロール ………………74
第8章　経営組織と組織論の系譜……………………………………76
　8.1　経営組織の基本要件 ……………………………………………76
　8.2　組織論の系譜 ……………………………………………………78
第9章　古典的組織論…………………………………………………81
　9.1　官僚制組織 ………………………………………………………81
　9.2　科学的管理法と管理過程論 ……………………………………85
第10章　人間を科学した組織論……………………………………91
　10.1　人間関係論とインフォーマル組織……………………………91
　10.2　グループ・ダイナミクス………………………………………95
　10.3　動機付け理論……………………………………………………99
第11章　近代の組織論………………………………………………102
　11.1　協働システムとしての組織……………………………………102
　11.2　意思決定論………………………………………………………107
　11.3　企業の行動理論…………………………………………………112
第12章　現代の組織論………………………………………………114
　12.1　コンティンジェンシー理論……………………………………115
　12.2　組織文化論………………………………………………………119
　12.3　組織進化論………………………………………………………121
第13章　組織戦略と組織開発………………………………………123
　13.1　組織の基本構造と進化…………………………………………123
　13.2　分権事業組織に関する論点……………………………………127
　13.3　本社機能に関する論点…………………………………………129
　13.4　管理間接的機能に関する論点…………………………………131
　13.5　本社改革…………………………………………………………132
第14章　グループ経営構造…………………………………………134
　14.1　グループ経営フレーム…………………………………………134

14.2　グループ経営の発展段階 …………………………………………135
　14.3　グローバル化時代におけるグループ経営 …………………………137
第15章　戦略マネジメント・コントロール………………………………140
　15.1　戦略マネジメント・コントロールの階層構造 ……………………140
　15.2　SBU のマネジメント ………………………………………………141
　15.3　マネジメント・コントロールのための新たな取り組み …………144

第1章
社会における企業の役割

　企業には、民間が出資・経営する営利追求の私企業もあれば、国や地方公共団体が出資・経営する非営利の公企業もあります。また、私企業には、株式会社形態もあれば、社団や財団法人形態もあり、その実態は多様性に富みます。そのため、対象とする企業のスコープを明確にした上で経営を論じる必要があります。本書では、特別なことわりがない限り、株式会社形態の公開企業を前提にした議論を進めます。

1.1 価値創造システムとしての企業

　企業経営の目的については、様々な定義方法があります（図表1-1）。

図表 1-1　企業の経営目的に関するいくつかの定義

1	事業活動により利益を追求し、その極大化を目指す組織（経済学では企業行動モデルを利潤最大化として定義することが多い）。
2	内部組織の活動により市場における取引コストを下げる機関（新制度派経済学による解釈）。
3	社会の一機関として、社会の要求に応える組織（利益は経営目的ではなく企業活動存続のための制約条件であるという考え方）。
4	資源を加工し社会が必要とする付加価値を与えることに対して、加工に必要なコストに対する成果を得る組織（価値提供に対するコストと対価の関係を付与した定義）。
5	社会が必要とする富と顧客を主体的に創造する機関（潜在的な要求を顕在化させる主体的役割を付与した社会貢献的色彩の強い定義）。

　経営者は実務家として企業の利益責任を強く意識せざるを得ない立場にあ

りますが、経営の目的自体を利益追求におくのは、企業の本質的な役割を余りにも矮小化し過ぎです。経営のあり方に関する議論の前提として、企業が社会システムの中で果たすべき役割について正しく認識する必要があります。本書では、企業を「価値創造システム」として定義し、システムが有効に機能するための視点から経営を考察することにします（図表1-2）。

図表 1-2　価値創造システムとしての企業

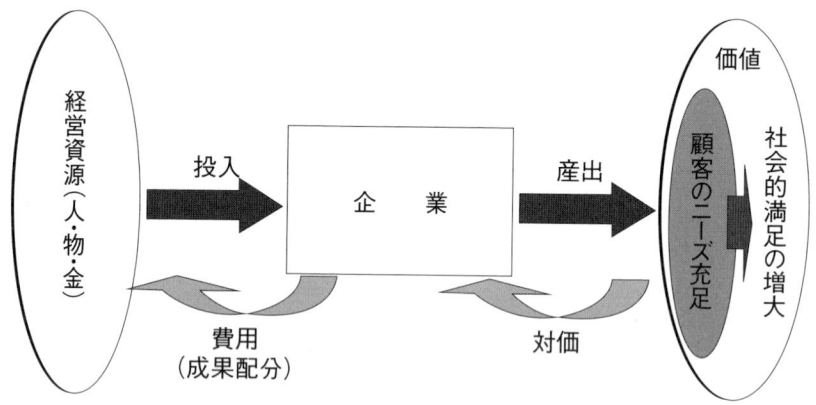

経営資源（人・物・金） → 投入 → 企業 → 産出 → 価値（顧客のニーズ充足／社会的満足の増大）
費用（成果配分）／対価

　価値創造システムとしての企業は、「社会が必要とする価値を効率よく創造・提供し続ける」存在であり、次のミッションを持ちます。

- 経営資源を投入し、それらを顧客が求める価値に変換する。
- 顧客のニーズ充足を通じて社会全体の満足増大に寄与する。
- 投入経営資源に対する費用を支払い、提供価値の対価を受け取る。

　このような企業観に立脚すると、企業経営とは「価値創造システムとしての企業をよりよい状態に保ち続けること」と捉えることができます。

- より多くの価値創造を持続的に実現する　⇒　事業の成長性（社会的な価値増大を目指すものであり単なる大量生産・大量消費の追求を意味するものではない）
- 価値創造を効率的に実現する　⇒　公正な取引環境下にて最小の資源投

入で最大の産出価値を実現する経営の効率性（経営の効率性＝産出価値÷投入資源＝投下資本利益率）
● 環境変化に対して常に優位な価値創造システムであり続けるために改革する　⇒　経営の進化

　良い状態で経営されている企業は、「価値提供」が増大して売上高が拡大するのみならず、経営効率も向上して利益も増大するという良い循環が実現します。このように、利益というのは企業経営の目的ではなく価値創造システムが存続可能であるための手段であり、価値創造システムとしての企業が有効に機能していれば、結果として実現されるものです。

　利益は企業経営の目的そのものではないからと言って、軽視してよいものではありません。企業がゴーイング・コンサーンとして存続し続けるためには、利益体質であることが要求され、経営者の意識がそのことに集中するのは当然のことです。逆に利益が上がらない経営は、顧客に提供する価値が低く、世の中に対する貢献度も低いのです。また、高い顧客価値が提供できていても、価値創造の効率が悪ければやはり利益は生まれません。お客様が喜ぶ価値提供ができていても事業の効率が悪ければ、それは世の中の経営資源を浪費していることになり、社会全体に対する貢献度はやはり低いことになります。

　本来、企業が提供する価値に対して顧客が支払う対価と、価値提供のために企業が使用する経営資源のために支払う費用は独立しているものです。従って、企業がよい状態で経営されていれば、その差分である利益は自ずと増えるべきものです。正当な取引にて、高い顧客価値を高い経営効率で提供できている企業は、高収益で社会に対する貢献度が高いと言えます。

　企業が価値創造システムとして有効に機能すれば、社会の諸問題を最も効率的に解決し、世の中の幸福度を高度に実現できる社会システムとなる可能性を秘めています。

1.2　市場メカニズムが働く資本主義経済制度下における株式会社

　次に、資本主義社会における株式会社制度の基本事項を俯瞰することにし

ます。資本とは、生産活動を行う元手となるものの総称であり、金融資本（現金、株式等他の資本を調達する元手になる）、物的資本（土地、建物、機械、等）、人的資本（従業員、管理者とそれらに蓄積されているノウハウ）に大別されます。資本主義とは、産業革命が興り、それまでの重商主義経済体制から工業生産が支配的な経済体制に移行することで成立した、商品生産と交換が支配的な経済制度です（K. Marxの『資本論』では、「社会に投下された産業資本が、資本の運動による姿態変換を通じて剰余価値を生み、価値が増殖し資本が蓄積することによって生産活動が拡大し、社会が維持・成長する社会システム」と解釈します）。

　企業経営では、資金が全ての事業活動の元手になるので、資金の調達とその蓄積・増大が大事です。資本主義経済体制下における企業活動を資金循環面から捉えると次のようになります（図表1-3）。

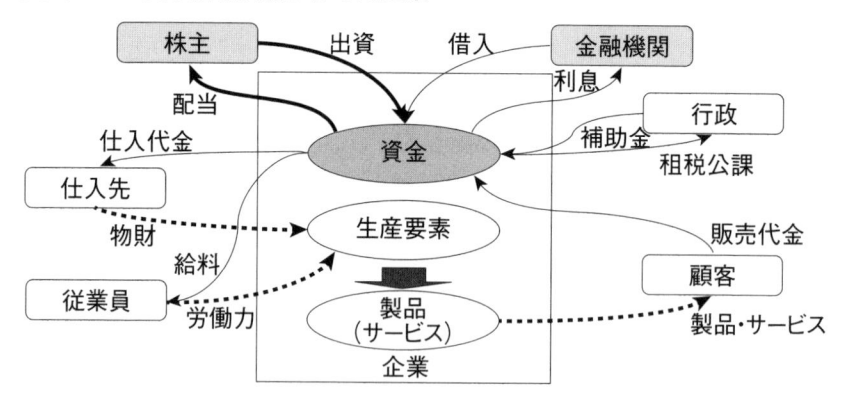

図表 1-3　資本循環視点からみた企業

資本主義経済では、Adam Smith以来の古典派・新古典派経済学の中心的な理論である自由市場における「価格メカニズム」の機能が重要になります。個々人がそれぞれの利益を追求すれば、見えざる手に導かれて社会の利益が促進されるのですが、そのためには次の条件が必要とされます。

- ●私有財産が認められ、生産手段（工場・機械・土地）を所有する資本家（有産階級）が存在できること。
- ●大きな供給力を持つ労働市場が存在すること。

- レッセ・フェール（国家が経済に介入することのない自由放任主義、無干渉主義）を是とする価値観により、市場原理が働くこと。
- 利潤獲得動機が社会発展の原動力となること。

　利潤獲得動機に基づく市場原理が働く社会は、投機やロックイン現象の発生等の弊害もあります。しかし、市場原理に勝る経済システムが存在しないのも事実なので、その欠点を補正する仕組み・制度と合わせた社会・経済システムを確立することが大事だと考えます。

　資本主義経済では、株式会社が重要な役割を果たします。株式会社とは、株式を発行することで経営に必要な資金（＝金融資本）を調達する法人格を有する企業形態のことで、その概念は次のようなものです（図表1-4）。

図表1-4　株式会社の概念

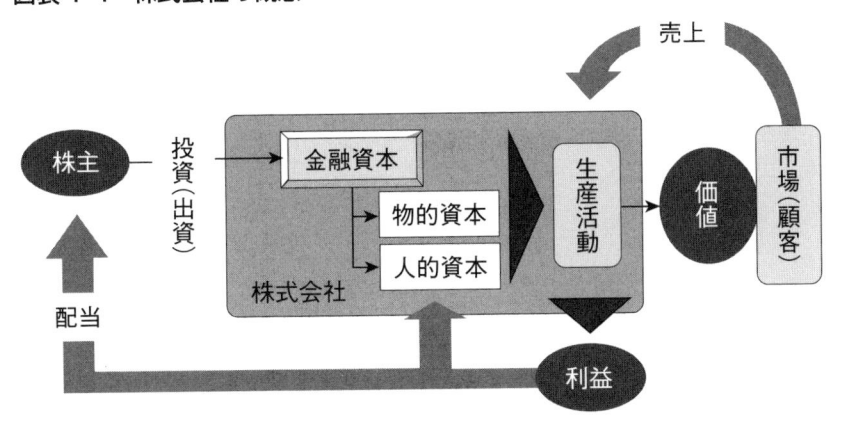

- 企業は、必要な資金を株主からの出資や金融機関からの借り入れによって調達する。
- 調達した資金はその他の経営資源（生産要素）の獲得に用いられ、生産活動が営まれる。
- 生産された財（製品・サービス）は市場取引を通じて顧客に提供され収益が発生する。
- 企業活動により獲得した利益の中から、調達した資本に対する配当が実施される（株主は有限のビジネスリスクを負担）。

資本主義が発達し、企業の経営規模が拡大すると、株式会社形態による資金調達のメリットが高まります。株式には自由譲渡性があり、株主は出資持分に対して有限責任しか負わないため、株主が会社関係から離脱することが可能となり、不特定多数の人から広く資本を集めることができるようになるからです。特に、資本市場が整備され市場で公開された企業になると、株式が市場で取引されるようになり、市場メカニズムを活用した資本の調達が行われるようになります。資本を市場から調達することには次のようなメリットがあります。

- 資金を物的な資本に固定する必要がなく流動性が担保され、かつ様々な企業に分散投資が可能となり、リスク低減につながる。
- 調達側にとっては大きな母集団の投資家からの出資を獲得することができるので調達規模が拡大できる。
- 結果として、投資の効率性を高め、資本主義の安定化に寄与する。

　資本主義経済における企業は、自由競争環境下において、よりよい製品・サービスを、より高い生産性をもって産出することで、利益を高めることができ、蓄積した利益によってさらに事業活動の拡大を遂げるようになります。やがて大規模経営が出現し、専門経営者の台頭と、株主の分散化が進み、企業の所有と経営が分離しました（図表1-5）。

図表1-5　大規模経営の出現による所有と経営の分離

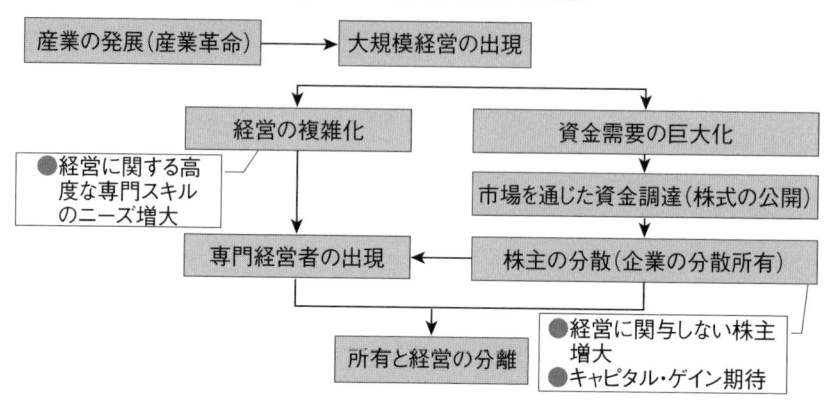

産業の発展（産業革命）→ 大規模経営の出現
↓
経営の複雑化　　　　　資金需要の巨大化
- 経営に関する高度な専門スキルのニーズ増大
　　　　　　　　　　　市場を通じた資金調達（株式の公開）
↓　　　　　　　　　　↓
専門経営者の出現 ← 株主の分散（企業の分散所有）
↓
所有と経営の分離
- 経営に関与しない株主増大
- キャピタル・ゲイン期待

企業経営が大規模化・複雑化したので、企業の経営者には高い専門的な知識が必要とされるようになりました。また、資金需要が巨大化したので、より多くの出資者から資金を調達しなければならなくなりました。株主の分散を促進する社会的な仕組みが必要となり、資本市場が整備され公開企業になることで株式は資本市場で取り引きされるようになりました。株主の分散化によって生まれた大多数の株主は経営に関する専門スキルは持たず、出資することの目的も企業経営への参画ではなくキャピタル・ゲインを得ることにあります。そのような株主の期待を実現する意味でも、高度な経営スキルを持つ独立の専門経営者が必要とされるようになりました。

1.3 コーポレート・ガバナンスと企業の社会的責任

資金の源泉で企業の所有者である「株主」と事業を執行する「経営者」とが一致している場合には両者の利害対立は発生しませんが、企業の所有と経営の分離が進むことで両者の利害対立が発生するようになり、それを回避するための仕組みが必要となります。企業経営が所有者である株主の意向に沿った形で実践され、両者の利害対立を回避するためのコーポレート・ガバナンスの仕組みが重要な意味を持つようになりました（図表1-6）。

図表 1-6　所有と経営の分離による利害対立の発生

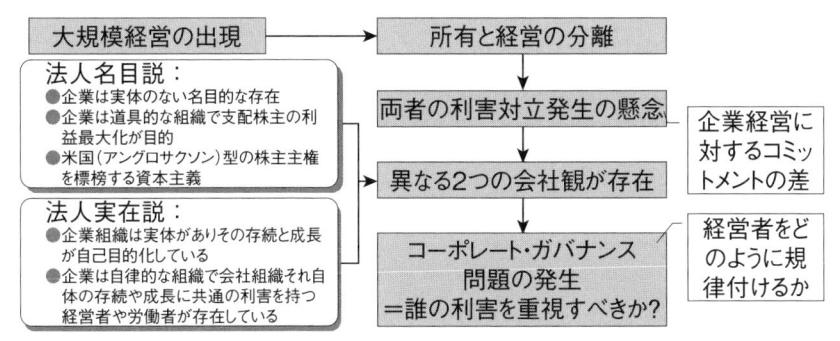

コーポレート・ガバナンスには、大きく異なる2つの考え方があります。1つ目は法人名目説を前提とするものであり、2つ目は法人実在説に基づくものです。前者では株主主権を絶対視する傾向が強いのに対して、後者では

株主権の位置づけは相対的に弱い傾向にあります。どちらの考え方を採用するかは、コーポレート・ガバナンスの議論における重要な論点です。

大規模経営の出現で株式会社の所有と経営が分離すると、株主による『モノ』としての会社所有と、法人企業による会社資産の所有という二重の所有関係が発生します（図表1-7）。

図表 1-7　株主と法人組織による二重の所有関係

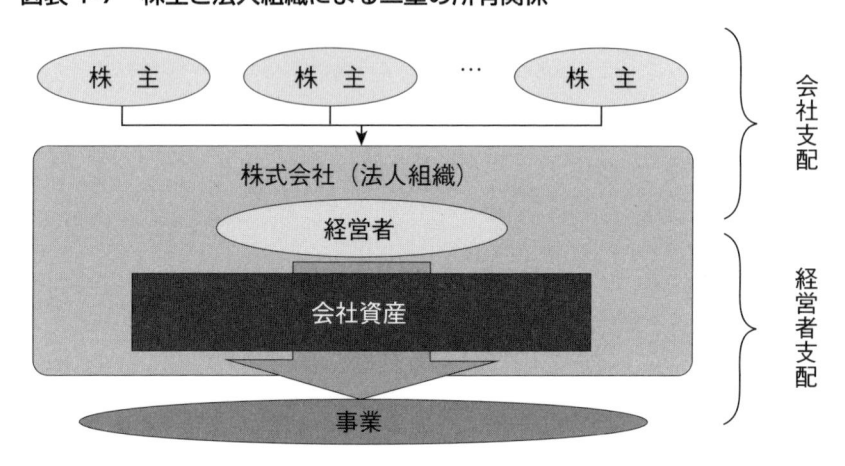

株主はモノとしての会社を所有していても、会社が持つ資産を所有するものではなく、会社所有の資産を自由に使える立場にはありません。会社資産を活用して事業を営むのは法人格を有する企業ですが、企業はあくまでも概念上の存在でしかないので、企業に代わって経営を執行する実態のある存在としての「経営者」が必要です。実際に会社資産を活用して事業執行を決定するのは経営者です。

ガバナンスとは「統治」ないし「支配」のことですが、株式会社では二重の所有関係が発生するので、株主視点から会社経営者の行動を統治するコーポレート・ガバナンス問題が発生します。法人名目説に基づくコーポレート・ガバナンスでは、経営者が株主利益の最大化を目指した企業経営を実行するように経営者を律すること、経営執行の妥当性を監視することが特に重視されます。具体的には、経営者に目標を与え、業績を評価し、事業が生み出す利益をモニタリングし、株主への利益配分を決定し、不適切な経営者を

退出させること等です。経営者はプリンシパルである株主のエージェントであるという考え方がありますが、経営者のモラル・ハザードによるエージェンシー・コストを解消するためには、インセンティブ・システムを適切に設計することによるコントロールが重要になります（図表1-8）。

図表1-8　インセンティブによるエージェントのコントロール

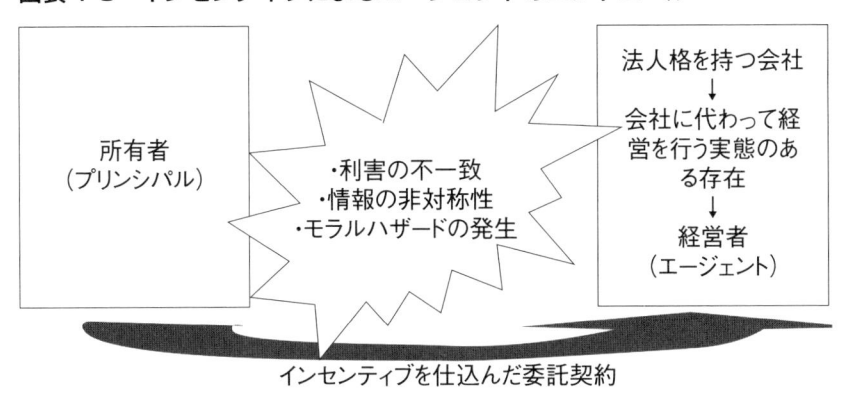

所有者（プリンシパル）

・利害の不一致
・情報の非対称性
・モラルハザードの発生

法人格を持つ会社
↓
会社に代わって経営を行う実態のある存在
↓
経営者（エージェント）

インセンティブを仕込んだ委託契約

日本において、コーポレート・ガバナンスが議論されるきっかけとなった要因として以下があります。

- 続発する企業の不祥事　⇒　性善説や自己規律依存体制の限界
- 日本企業の長期的な業績低迷　⇒　対照的な米国企業の好業績
- 企業の統治機構の形骸化：　実質的意思決定の場として機能しない株主総会（株主軽視）、実質的に取締役が任命する監査役の形骸化
- 株主構成の変化による企業価値重視経営への転換：　安定・持合株主構造の崩壊、年金基金等長期的な経営にコミットする株主や外国人等これまでの投資家と異なる価値基準を持つ株主の台頭
- 企業価値向上に向けた各種制度の有効活用：　米国型市場メカニズムを重視した体制への接近、経営における選択肢の拡大、会社規制のミニマム化（規制緩和、自由化）

特に重要な視点となったのが、それまでの日本的経営が持っていた価値観と大きく異なるグローバル・スタンダード経営への準拠でした（図表1-9）。

図表 1-9　グローバル・スタンダード経営への準拠

グローバル・スタンダード経営	日本的経営における価値観
■株主資本主義の価値観が強い経営 　➢会社は株主のもの 　➢会社経営は株主の利益のために行われるべき：株価（企業価値の向上）、配当（期間利益） ■市場主義・時価主義の徹底 ■制度・仕組み・標準の整備による経営の健全性・透明性確保	■運命共同体的価値観の強い経営 　➢会社は経営者＋従業員のものという意識 　➢会社経営は従業員を含む様々な利害関係者の利益を考慮すべきもの ■会社の長期的・持続的・安定的な成長を重視 ■価値観の共有化を促進することによる経営の統制

■日本的経営とグローバル・スタンダード経営のギャップを解消するためのマネジメント改革
■グローバル・スタンダード経営を満足する戦略観への転換

　コーポレート・ガバナンスの再構築では、①業務執行面における機能不全の解消、②監督機能が不在である状況の解消、③適切な経営者を選任する機能が形骸化している状況の解消、の３点が中心的課題でした。

　業務執行面の強化では、グループ経営執行と個別事業・機能レベルの執行を分離するために、執行役員制の導入が普及しました。執行役員制の運用は、各社の取り組みにかなりの差が見られますが、取締役のグループ経営レベルの関与を高めた効果があったと評価できます。また、執行役員制が採用されたことにより、監督機能強化のための社外取締役の登用が容易になりました。経営陣の選任と処遇の決定に関しては、委員会設置会社でない企業においても、指名委員会や報酬委員会を設置するケースが増え、経営陣に対する監督

図表 1-10　コーポレート・ガバナンスの再構築視点

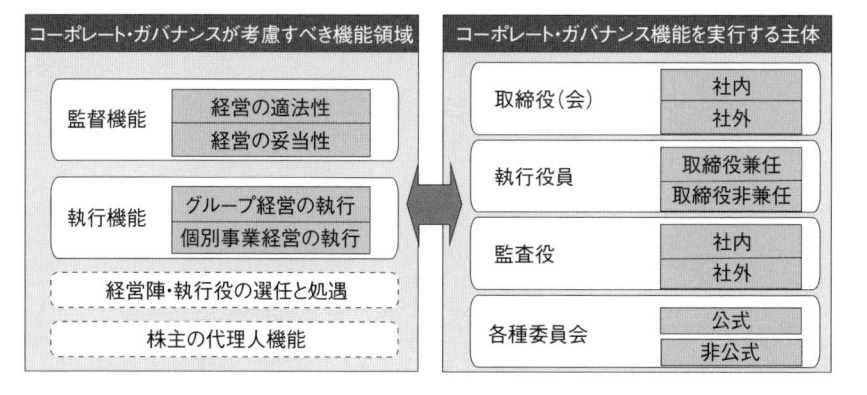

コーポレート・ガバナンスが考慮すべき機能領域	コーポレート・ガバナンス機能を実行する主体
監督機能：経営の適法性／経営の妥当性 執行機能：グループ経営の執行／個別事業経営の執行 経営陣・執行役の選任と処遇 株主の代理人機能	取締役（会）：社内／社外 執行役員：取締役兼任／取締役非兼任 監査役：社内／社外 各種委員会：公式／非公式

機能強化が進んだと言えます（図表1-10）。

法人実在説に基づくコーポレート・ガバナンスでは、株主の他にも様々なステークホルダーの利害を経営に反映させることが必要であると考えます。このような広義のコーポレート・ガバナンス視点は、企業の社会的責任論（CSR: Corporate Social Responsibility）にも通じる考え方です（図表1-11）。

図表1-11　広義のコーポレート・ガバナンス解釈とCSR

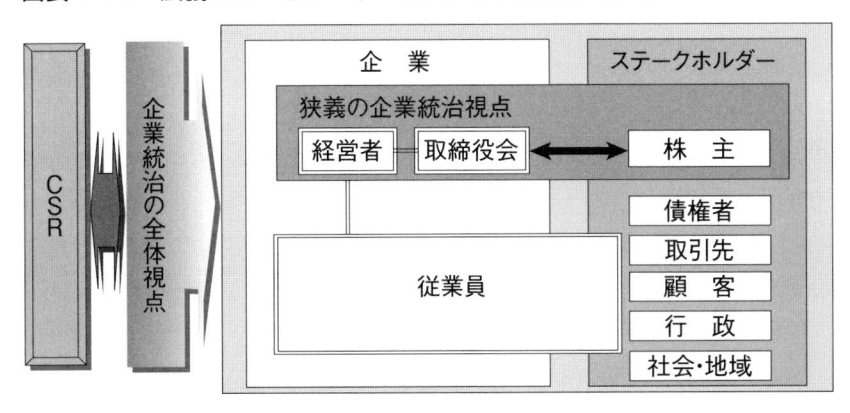

CSRでは、社会の高次化する要求に対して、法律で定められた範囲を超えて、自主的に応える力を持つことによって信頼される企業になることを目指します。そのことにより、将来にわたって安定的な成長・発展を可能とする基盤が確立し、イノベーションにより社会が望む製品・サービスを適正なコストで提供されるようになり、グローバルな市場で優位性を持つことで業績の向上が実現すると考えられています。

しかし、CSRの対象は人権、労働環境、環境保護、地域貢献、経済的価値等多岐にわたり、その具体的活動内容を定義・規定することは困難です。また、CSRには二面性があり、ポジティブ・インパクトを重視する考え方（社会的なプラス要因の促進と報告）と、ネガティブ・インパクトを重視する考え方（社会に与えるマイナス要因のコントロール）とがあります。文化圏ごとに要求が異なることもあり、市場や地域との相互作用を通じてしか具体的活動内容が決められず、ケース・バイ・ケースで対応しなければならないことも多くなります。CSRは法的に強制されるべきものではないのですが、国際的な共通理解や一定の手法の存在は取り組みを促進する一助となる

ことから、ISO、OECD多国籍企業ガイドライン、GRIガイドライン、経団連企業行動憲章等が設けられています。

CSRには3つのレベルがあると考えられ、自社がどのレベルを目指すのかを見極めることも重要です（図表1-12）。

図表1-12　CSRのレベル

レベル1：社会に存在するあらゆる組織に求められるレベル（社会で存在するための最低限の活動レベル） ・法規制の遵守 ・社会的通念としての規範励行 ・基本業務の遂行 ・必要な情報の開示	義務的な側面への対応
レベル2：社会に対し組織が選択的に必要かつ有意義な活動を実施するレベル ・社会及び組織存続の基礎となる社会的貢献 ・企業価値の向上 ・ステークホルダーとのコミュニケーション	↕
レベル3：他の組織の範となるような活動を実施しているレベル ・社会的通念の先取り ・あるべき姿の追求 ・マネジメント・システムとしての取り組み	義務的な側面を超えた積極的な社会貢献への対応

第2章
戦略の考え方と多様性

　企業経営は、その企業が存在することの意義・目的を設定するという「価値命題」への対応と、所与の目的を達成するための合理的な手段を選択する「事実命題」への対応とがあります。戦略は、企業固有の価値観・理念から出発して、事業の設計や資源配分を決定する計画策定までを含む、幅広い概念です。戦略には多様な視点・方法論があることを認識する必要があります。

2.1　戦略の定義と多様性

　戦略にはいろいろな解釈があります。軍事的視点では、「長期的・全体的展望に立った闘争の準備・計画・運用の方法」、「戦争（闘争・競争行為）を『目的－戦略－戦術』と階層化・体系化して各レベルにおける最適解を求めるアプローチ」といった解釈があります。「生存のための方法、生き残りのための智恵」という生物学的解釈もあります。企業経営では、「組織のミッションに沿って目標とする成果を達成するためのプラン」、「闘う土俵（市場セグメント）、闘い方（競争優位）、投入資源（プライオリティ付け）を決定

図表2-1　戦略に関する5つの視点に基づく定義

1	将来の方向性や取るべきアクションに関する指針・方針、進路（将来を見据えた意図された戦略）
2	過去の経験・蓄積から創発的に見出される一貫した行動パターン
3	他社とは異なる一連の業務を伴った独自性の高い位置取り
4	将来展望に基づく企業の基本理念、グランド・ビジョン
5	競合相手に脅威を与えるための施策

すること」といった解釈ができます。

経営に関する戦略を定義する5つの視点があります（図表2-1）。

経営における戦略は多面性を持つので、その策定に当たっては複数の視点の統合化が必要です。

- ●意図に基づく計画的戦略と、創発的に形成される戦略の融合。
- ●予測能力と、予期せぬ出来事への対応力を兼ね備えた戦略の組合せ。
- ●一貫した将来展望の下での、柔軟な環境変化適応力を持つ位置取り。

2.2 戦略の階層構造

戦略には、多様性のみならず、時間軸と組織構造軸による階層構造があることを認識する必要があります（図表2-2）。

図表2-2 戦略の階層構造

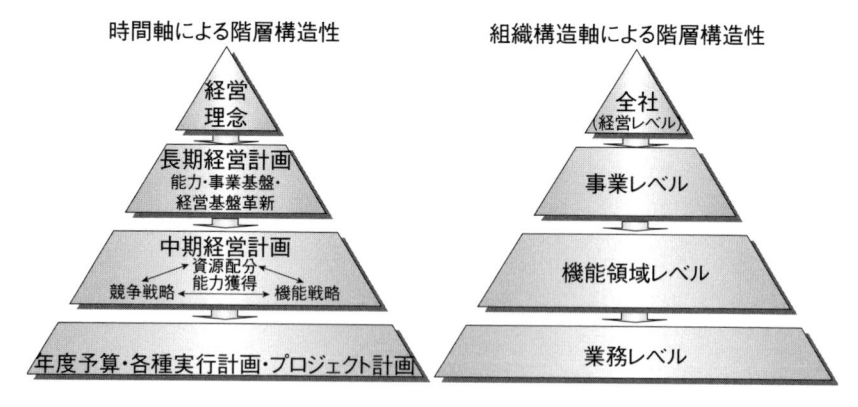

時間軸による階層構造性
- 経営理念
- 長期経営計画（能力・事業基盤・経営基盤革新）
- 中期経営計画（資源配分・能力獲得／競争戦略・機能戦略）
- 年度予算・各種実行計画・プロジェクト計画

組織構造軸による階層構造性
- 全社（経営レベル）
- 事業レベル
- 機能領域レベル
- 業務レベル

それぞれの階層に適した戦略コンテンツを策定するとともに、階層間における戦略の整合性を取ることが重要です。基本的には、上位の戦略を受けて下位の戦略を策定しますが、それぞれの階層間でフィードバックがかかる仕組みを構築することで、整合性が確保されるようになります。フィードバックのループは、戦略計画策定段階と戦略計画実施段階の2種類が必要です。

第3章

規範的な戦略論

　戦略の多様性については、前章で触れましたが、ここでは「規範的」といわれる戦略論の概要を説明します。規範的な戦略は、戦略形成の「べき」論が展開され、コンセプト構想プロセスを重視するデザイン・スクール、形式的策定プロセスを重視するプラニング・スクール、分析プロセスを重視するポジショニング・スクールが知られています。

3.1　環境分析手法：SWOT分析

　SWOT分析は有力な環境分析ツールの一つで、組織の内的状況と組織を取り巻く外的期待を一致させるというのが基本的な考え方です。その基本フレームは、内部環境要因としての①強み(Strengths)と②弱み(Weaknesses)、外部環境要因としての③機会(Opportunities)と④脅威(Threats)を分析し、主たる成功要因と卓越したコンピタンスを抽出することで戦略を構築します。

図表3-1　SWOT分析のフレーム

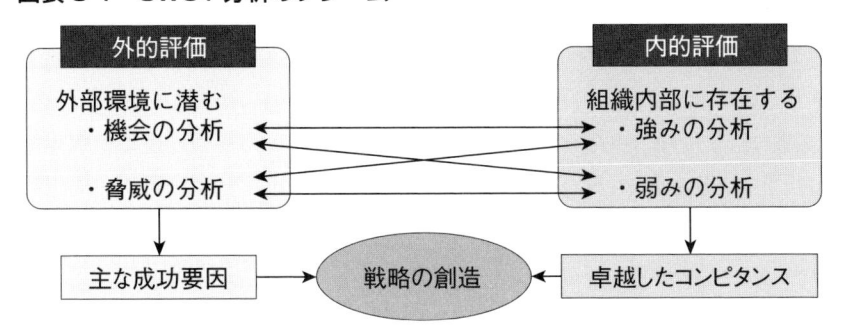

外的評価　　　　　　　　　　　　　　内的評価

外部環境に潜む　　　　　　　　　　　組織内部に存在する
・機会の分析　　　　　　　　　　　　・強みの分析
・脅威の分析　　　　　　　　　　　　・弱みの分析

主な成功要因　→　戦略の創造　←　卓越したコンピタンス

　SWOT分析の基本対応は、外部環境と内部環境の現状を抽出し、強みを

機会に生かす、弱みと脅威の鉢合わせを回避する、強みを強化する、弱みを強みに変えることが基本的な対応方針になります（図表3-2）。

図表3-2 SWOT分析の対応方針

	機会	脅威
強み	●市場が要求している事業機会で自社の強みが発揮できる領域は何か？ ●企業にとって最も環境に適合でき、独自の強みを磨き優位性を獲得すべき領域。	●自社の強みで脅威要因を回避あるいは弱めることはできないか？ ●脅威に対して、自社の強みで対応することにより、他社に対する相対的な機会要因に転換できないか？
弱み	●市場ニーズはあるが自社の強みがないためにチャンスを逃してしまう危険性がある領域は何か？ ●自社の弱みを克服できる可能性はないのか？	●脅威の訪れに対して、自社の弱みが露呈してしまう最悪の状態は何か？ ●このような状況を回避すべき手立てはないのか？

　実際の戦略策定におけるSWOT分析項目は多岐に亘りますが、一般的な分析項目視点を次に示します（図表3-3）。

　SWOT分析では、情報の入手可能性が大きなポイントになります。機会・脅威要因や、強み・弱み要因を抽出しようにも、情報が存在しないあるいは入手するためのコストが膨大であれば、不足する情報に関連する項目の分析はできません。実際の分析作業を進めるに当たっては、分析項目のプライオリティ、分析に用いる情報の精度・粒度・解像度、情報収集方法等に関する調査設計を適切に行う必要があります。粗過ぎる情報に基づく分析では必要とする精度の結果は期待できませんが、かといって精緻過ぎる情報分析を志向するとコストがかかるのみならず情報過多による分析結果の質の低下をもたらす危険性があります。

　SWOT分析は、戦略構築のための代表的なツールの一つですが、弱点もあります。SWOT分析では、環境要因は十分に安定的で予測可能である必要があり、このような前提が成立する領域での戦略構築に有効です。逆に、環境の不確実性を取り込むことはできないので、環境変化が激しい領域の戦略構築に対しては脆弱性があります。静的な戦略策定が妥当な場合のツールとしては優れますが、ダイナミックな戦略には限界があります。

もう一つの弱点は、戦略策定プロセスにおいて、機会・脅威に関して判断が不確定となる要因も多く存在するということです。強み・弱み、機会・脅威は概念としては明確に分離できますが、実際の分析作業プロセスにおいて絶対的に評価できるとは限らないからです。例えば、「規制強化」という環境要因はファクトとしては正しく認識できても、それは機会要因なのかそれとも脅威要因なのかの判断は、規制対応力に関する自社とライバル企業との相対的優位性の判断によって異なります。

このようなデメリットを認識した上でSWOT分析を行えば、戦略策定の有力なツールになることは間違いありません。

図表3-3　SWOT分析項目

◆機会・脅威(外部環境)の分析項目	◆強み・弱み(内部環境)の分析項目
1. マクロ環境分析 　●社会的変化：人口動態、社会的嗜好・関心、生活様式 　●政治的変化：法規制、法制度、国際標準 　●経済的変化：景気、金利・為替、物価、失業、貯蓄率 　●技術的変化：新技術の出現、技術の普及度合い 　●自然・環境要因の変化：天然資源、温暖化、砂漠化 2. 業界構造分析（業界の魅力度） 　●競争業者の変化 　●新技術、新規参入、代替の可能性 　●サプライヤー、チャネル／ユーザーとの力関係の変化 　●コスト／収益構造の変化 　●バリューチェーンにおける付加価値構造の変化 3. コンペティター(競合他社)分析 　●基本戦略の変化 　●製品戦略(商品領域)やマーケティング戦略の変化 　●機能戦略（バリューチェーン構造）の変化 4. 市場・顧客分析 　●市場規模の変化（成長・縮小傾向） 　●顧客特性の変化 　●受容価値（購買決定要因）の変化 　●価格動向 5. KFS(Key Factor for Success)分析 　●成功要因の変化	1. 業績分析 　●全社の成長性、収益性、効率性、キャッシュ・フロー、安全性、生産性、投資収益率 　●事業別／市場別の業績動向 2. 戦略分析 　●事業のポートフォリオ構造 　●個別事業におけるビジネス・モデルの優位性 　●個別事業における個別戦略の差異性・優位性 3. マーケティング力分析 　●商品企画力 　●チャネルに対する支配力やカバレッジ 　●ブランド力、顧客の囲い込みの状況 4. 研究開発分析 　●保有技術の質的高さ、スコープ 　●研究開発資源 5. オペレーション分析 　●サプライチェーンの品質、コスト、納期水準 　●拠点、ネットワークのカバレッジ 6. マネジメント分析 　●経営スキル 　●組織構造、マネジメント・システムの充実度 7. 人材分析 　●必要スキルの充足度 　●士気、スキル、満足度、活性度 8. 情報システム（IT）分析 　●IT基盤 　●情報活用能力、リテラシー

SWOT分析の外部環境分析、内部環境分析を行う際には、次のチェック

リストを参考にするとよいでしょう。

図表 3-4　外部環境分析チェックリスト

大項目	中項目	小項目
1. マクロ環境分析	人口動態	人口推移、地域別移転状況、出生率、年齢構成、世帯構成
	経済動向	GDP、物価、株価、貯蓄率、為替、国際経済
	法規制・標準化の動向	規制の緩和、規制の強化、国際的標準化
	国内外の政治環境	政権の安定性、政策の継続性
	自然・環境への配慮事項	二酸化炭素排出率、砂漠化、オゾン層、天然資源
	社会文化の動向	文化的価値観、ライフスタイル
	技術進歩の動向	新技術革新・進歩、技術の成熟化・衰退
2. 市場・顧客分析	市場魅力度	市場規模（推移）、ライフサイクルステージ（成長性）、価格動向
	市場構造の変化	顧客セグメント、地域・年代・性別その他のセグメント別特性
	顧客嗜好・ニーズの変化	顕在化している顧客の嗜好・ニーズ、潜在的なニーズや代替需要の可能性
	購買行動の変化	購買決定要因、購買意思決定プロセス、購買決定者
3. 競合分析	業界・市場における競争優位性要因の変化	寡占化の状況(主要企業のシェア動向など)、競争業者（プレイヤー）の競争優位要因、競争業者（プレイヤー）、市場における競争優位要因（ユーザーの受容要因）
	業界内におけるパワーバランスの変化	シェア構造、台頭・衰退の状況、市場に対する支配力・影響力の状況
	主たる競合他社の競争力の変化	優位性確立領域、個別の優位性要因（コスト競争力、技術・開発力、マーケティング・販売力、SCM・オペレーション能力、マネジメント力、バリューチェーン領域、アライアンス）
	川下バリューチェーン構造の変化	川下バリューチェーン構造、川下・顧客に対する優位性・交渉力・取引条件の変化
	川上バリューチェーン構造の変化	川上バリューチェーン（仕入れ）構造、川上・供給業者の交渉力・取引条件の変化
	新規参入・撤退の状況	業界への新規参入／撤退の可能性、障壁の高さ
	代替製品・技術の可能性	顧客ニーズを満たす代替品の有無、また将来的な出現可能性

図表 3-5 内部環境分析チェックリスト

大項目	中項目	小項目
1. 経営の分析	経営理念の設定、改定、共有化	現在の経営・事業環境との適合性、社内での理解・浸透度、グループとしての共有度
	経営戦略・経営計画の策定能力	ポジショニングにおける独自性の高さ、将来目指す方向性の明快さ
	業界の成長性と自社の成長性	成長力のある事業の取り込み、自社の成長性
	事業の構造・特性	事業ポートフォリオの状況、事業間シナジーの状況、能力構築上の共通点
	企業認知度	コーポレート・ブランド、企業イメージ
2. 財務の分析	成長性	過去5年程度の売上高の変化（成長率）、経常利益（成長率）
	収益性・効率性	過去5年程度の売上高利益率、ROA、ROE、固定資産回転月数、等
	安全性	自己資本比率、固定長期適合率、流動比率、等
	生産性	一人当たり付加価値額、損益分岐点
	利益構造	売上原価、販売管理費、人件費
	キャッシュフロー状況	営業 CF、投資 CF、財務 CF
	投資動向	領域別投資動向(設備、研究開発、M&A、チャネル)、投資水準の妥当性・充足度
3. マネジメント分析	グループ・ガバナンス体制	監督機能の充実度、グループ経営執行と事業執行の独立性、事業に対する牽制機能
	組織・機能実態	組織ミッションの明確さ・妥当性、事業構造との適合性、本社機能の充実度、資源活用の効率性、意思決定の迅速さ
	PDCA サイクル	階層構造の妥当性(時間軸、組織軸)、管理サイクルの適時性、予実績管理の実行性
	管理・モニタリング指標	アクションとの整合性、責任業績としての妥当性、経営意思決定との適合性
	権限・責任体制	統制・コントロール水準の妥当性、自律的活動展開力、基準の明確さ・納得性
4. 事業分析（セグメント別・市場別など）	事業業績	過去3〜5年程度の売上・利益の実績、目標達成度、改善度
	業界ポジション	シェア、バリューチェーン上のポジション、製品・機能のスコープ・優位性
	競争優位性	現状、将来に向けた強化の可能性
	戦略の優位性	差異性、模倣困難性
	製品・市場のポートフォリオ	製品・市場構成のバランス、売上・粗利のパレート、新製品・新規顧客の構成
	資源充足度	資金ニーズ、人的資源ニーズ
	リスク要因	環境の不確実性、リスク要因の影響度
5. マーケティング分析	既存顧客の深耕状況	囲い込みの状況、リピートの状況
	新規顧客の獲得状況	新規顧客比率、新規顧客開拓に関する施策の状況
	プロモーション戦略の状況	コストパフォーマンスの妥当性、施策の有効性
	価格推移の状況	過去の実績売価、予定売価との差異、将来の価格動向
	既存チャネルの状況	既存チャネルの有効性・効率性、新規チャネル開拓の状況
	ブランド力の変化	ブランド認知度、ブランド・イメージ、顧客のロイヤリティ
6. 技術・開発分析	保有技術の水準・競争力	個別技術の優位性、技術の領域
	開発能力	インフラ設備、要員数、能力・スキル水準
	市場ニーズとの適合度	市場情報へのアクセス、マーケティング部門との連携、顧客受容度との整合性
	開発プロセス	開発の効率性、リードタイムの状況
	開発マネジメント	開発戦略（ゴール。ロードマップ）の明確さ、インセンティブ
7. 生産・ロジスティクス分析	設備の状況	能力、拠点・配置・ネットワーク、稼働状況、老朽化
	生産方法・技術	独自・固有技術、生産技術開発力、グローバル展開力
	納期、コスト、品質水準	過去のトレンド、競争優位性
8. 人的資源の分析	必要とする人材の充足度	量的な充足度、質的な充足度、事業・組織・機能・地域・要件別充足度
	現有能力と能力開発	現状における充実度、将来の人材ニーズに対する充足可能性
	評価制度	納得性・合目的性・妥当性、組織運営における他制度との整合性
	社員のモチベーション	現状の水準、影響因の存在
	組織文化・風土	維持すべき要素、改革すべき要素
9. 情報力の分析	情報活用基盤	情報収集の充実度、分析・活用可能な情報の充実度、活用スキル
	IT インフラ	システム・インフラの充実度、活用状況、企画・開発能力

3.2 事業構造改革のための PPM（Product Portfolio Management）

　企業はそれぞれ固有の事業構造を持っています。事業構造は、その企業が持つ事業の領域と、それぞれの領域の期待役割や構成を実現する資源配分の状況で決まります。単一の事業構造の企業もあれば、多角化した複数の事業領域を持つ企業もあります。

　製品や事業には、導入期→成長前期→成長後期→成熟期→衰退期というライフサイクルがあり事業環境は常に変化するため、事業構造の新陳代謝が必要です。企業経営では、戦略的な視点から常に事業構造を適正な姿に改革することが求められ、そのための有力な方法論として PPM があります。

　PPM は、ライフサイクル上の位置付けで事業の資源（キャッシュ）要求水準が異なることに着目し、事業間での経営資源再配分を行うことで、戦略的意図に沿った事業構造改革を実現します。一般的に、成長期にある事業は先行投資的な活動を多く必要とするので、事業が必要とするキャッシュを他の事業に依存しなければなりません。（図表 3-6）

図表 3-6　ライフサイクルとポートフォリオ・マネジメント

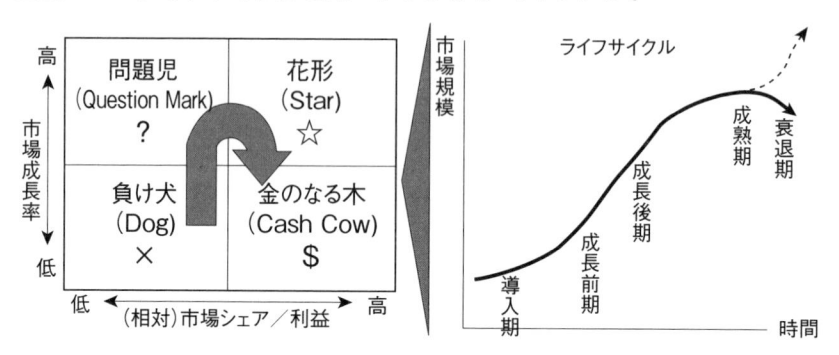

●導入期〜成長前期　　→　　負け犬や問題児
●成長前期〜成長後期　→　　花形
●成長後期〜成熟期　　→　　金のなる木

成長率と市場シェアの異なる製品・事業群間の経営資源配分を最も効率

的・効果的にするポートフォリオ（組み合わせ）を決定するのがPPMの基本的な考え方です。市場シェア（収益力）と市場（業界）成長率のマトリクスでそれぞれの製品・事業のポジショニングを判断し、現在キャッシュを生み出す製品・事業から、将来の成長が期待される製品・事業にキャッシュを再配分します（図表3-7）。

図表3-7　PPMのポジション別対応方針

ポジション	対応方針
金のなる木 ⇒収穫戦略	既に成長期は過ぎ自らに対する再投資の必要性（有効性・効率性）は低い。この領域の事業に対する投資は必要最小限に抑えて、キャッシュを回収し、他の事業を「花形事業」に育てるための資金源とする。
花形 ⇒拡大戦略 〜維持戦略	シェアが高く成長率も高いので将来を保証してくれる製品・事業領域。大きな利益が得られる一方で、多額な投資も必要であり、大きなキャッシュフローは望めない。現在のシェアを維持しながら、成長のための投資を行い、将来の「金のなる木」への転換を準備する。
問題児 ⇒拡大戦略 〜撤退戦略	資金を投入することでシェアを獲得し高成長を達成できる可能性を持つ。将来「花形」→「金のなる木」に発展するポテンシャルがあるので、現在の「金のなる木事業」の余剰資金を早いうちに集中投資をして、シェア拡大を図る。「花形事業」への進化が困難な場合、「負け犬」になるのを回避するために、早期の撤退判断も重要。
負け犬 ⇒撤退戦略	成長期において高シェアの位置取りに失敗（即ち低収益）、撤退を勧めるべき事業。但し、参入初期の事業もこの位置づけにあることがある。

　事業のライフサイクル・ステージの変化を踏まえ、常に将来の成長が確保され得る事業構成を実現することが事業構造改革の目的であり、各事業に適切なミッションを与え事業間で資源の再配分を行うことで、全体としての事業構造のバランスを保つことが重要です。花形事業ばかりの事業構造は一見よさそうに思えますが、将来の成長の芽がないのでジリ貧に陥ります。かといって問題児の事業ばかりでは、必要な投資原資を確保することができません。

　事業構造は、現在の事業ポートフォリオ構造に対して将来目指すポートフォリオ構造を想定し、各事業が目指すポジションと資源配分を決定することで変更します。それぞれの事業が目指すポジションが決定されると、各事業は目指すべきポジションを実現するための事業戦略を策定するので、事業構造改革方針に沿った事業戦略が策定されるようになります（図表3-8）。

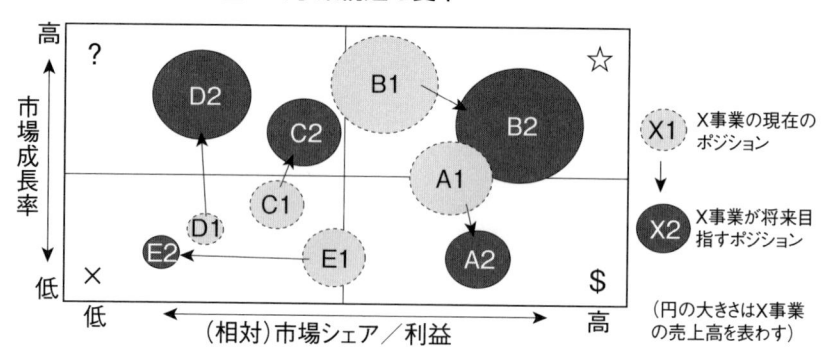

図表3-8　PPMに基づく事業構造の変革

```
高 ↑
    ?                              ☆
市      D2        B1
場              C2          B2         X1 --- X事業の現在の
成                                          ポジション
長          C1      A1
率                                       X2 --- X事業が将来目
    ×   E2    E1       A2    $          指すポジション
低 ↓
    低 ←――(相対)市場シェア／利益――→ 高    （円の大きさはX事業
                                         の売上高を表わす）
```

　PPMの原則的な考え方を紹介しましたが、実際の戦略策定の場面では以下に示すように、必ずしも理論通りの構造改革が実現できるとは限りません。

- 各事業のポートフォリオ上の位置づけは、長期的にはライフサイクルに沿ったポジション移動を目指すが、短・中期には必ずしも理論通りのポジショニングは実現しない。各種の環境変化要因を考慮した総合的かつ現実的な判断が必要とされる。
- 市場成長率やシェアに関するデータが入手可能であるという前提が、新興市場、ニッチ市場、自社固有の事業の場合成り立たない。
- ドラスティックな環境変化や不確実性に対しては脆弱性を持つ。
- 成熟事業から成長事業への資源再配分は理屈の上では正しい対応であるが、自分たちの事業が稼いだ利益が他の事業の成長投資に充てられるのは心情的に組織のモチベーション低下を招く。
- 事業構造改革が目指すべき姿を描くためには有効であるが、それを実現するための個別の事業戦略のあり方については示唆を与えない。

　上記デメリットや制約要因を認識した上で、企業全体の事業構造の適正に保つためにPPMを活用することが大事です。

3.3 競争戦略の基本フレームと競争分析モデル

戦略論の分野では M. E. Porter による「競争の戦略」がとても有名で、戦略論といえば競争戦略をイメージする人も少なくありません。実証的な産業分析アプローチをベースに、市場（業界）固有の構造に着目してその業界における企業の戦略ポジショニングの取り方を重視する考え方です。Porter の競争戦略論を構成する基本的なフレームは3つあります。

- **競争分析モデル（5 Forces）**：事業を取り巻く環境で競争に影響を与える5つの要因を抽出。
- **基本戦略**：戦略の優位性の源泉と、標的とする市場の捉え方の組み合わせにより、3つの基本戦略パターンを設定。
- **価値連鎖（バリュー・チェーン）**：企業活動を構成する価値連鎖を主活動と支援活動に分類し、それらをどのようにマネージするかでマージンが決定される。

競争分析は、業界に影響を及ぼす5つの力の視点からその業界を分析し、業界の収益構造や競争関係を判断するフレームワークで、経営資源投入のプライオリティや、新規参入・撤退の判断に用います（図表3-9）。

図表3-9　5 Forces による競争分析

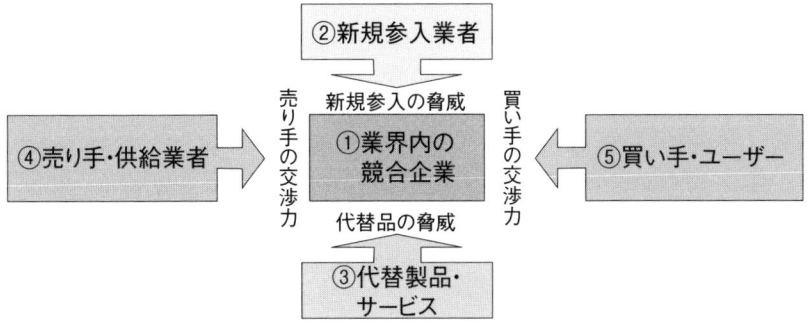

出所：M.E.ポーター『競争の戦略』を元に作成

①**競争業者間の競争関係の強さ**：参入企業の多さ、市場規模、製品・技術の進化スピード、投資水準、収益構造、等

②**新規参入の脅威**：市場の魅力度と参入障壁の高さとして、規模の経済性、ブランド力、流通・調達環境の開放性、製品の技術難易度（特許等による保護）、政府規制、既存企業からの報復可能性、等

③**代替品の脅威**：代替品の可能性、代替品・代替技術の優位性、類似機能製品のコスト、スイッチング・コスト、等

④**売り手の交渉力**：売り手の稀少性・独自性、市場占有度、企業規模、需給バランス、自社事業の購買対象品の重要度・依存度、等

⑤**買い手の交渉力**：買い手の市場占有度、購買ボリューム、企業規模、情報力、需給バランス、スイッチング・コスト、顧客にとって購買対象商品の重要度・依存度、等

3.4 競争戦略における基本戦略

基本戦略レベルにおける競争優位の源泉は、「低コスト」と「差異化」の2つタイプの優位要因に大別されます。それらはさらに、ターゲットとする市場の範囲によって、その内容・特性が異なります（図表3-10）。

図表3-10 基本戦略の類型

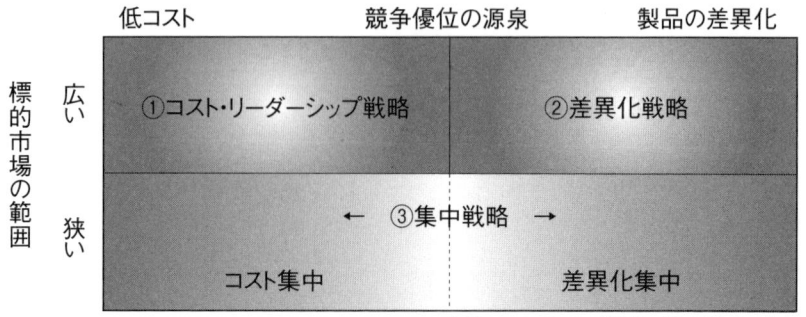

	競争優位の源泉	
	低コスト	製品の差異化
標的市場の範囲 広い	①コスト・リーダーシップ戦略	②差異化戦略
標的市場の範囲 狭い	③集中戦略 コスト集中	差異化集中

出所：M.E.ポーター『競争の戦略』を元に作成

（1）コスト・リーダーシップ戦略：業界最低コストの実現で競合と価格競争をしても黒字を維持できる体制を構築し、市場における価格決定権を持つことによる優位性を確立します。一般的に、売上高利益率は低い傾向にあり、

シェア１位のポジション取りが大原則となります。単にコスト削減に努めるだけではなく、コスト・リーダーになるための能力構築が必要です（図表3-11）。

図表 3-11　コスト・リーダーシップのためのトータル・コスト削減視点

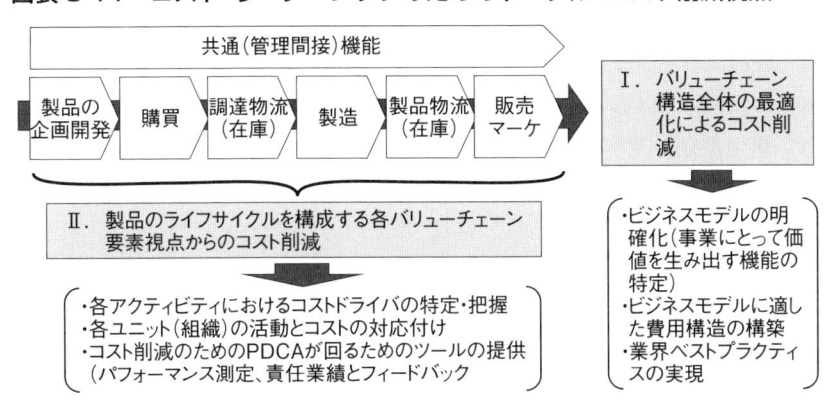

```
          共通（管理間接）機能
┌─────┬───┬─────┬───┬─────┬─────┐
│製品の│購買│調達物流│製造│製品物流│販売 │      Ⅰ．バリューチェーン
│企画開発│   │（在庫）│   │（在庫）│マーケ│         構造全体の最適
└─────┴───┴─────┴───┴─────┴─────┘         化によるコスト削
                                              減
      ↓
  Ⅱ．製品のライフサイクルを構成する各バリューチェーン
     要素視点からのコスト削減
      ↓
・各アクティビティにおけるコストドライバの特定・把握
・各ユニット（組織）の活動とコストの対応付け
・コスト削減のためのPDCAが回るためのツールの提供
 （パフォーマンス測定、責任業績とフィードバック）

・ビジネスモデルの明確化（事業にとって価値を生み出す機能の特定）
・ビジネスモデルに適した費用構造の構築
・業界ベストプラクティスの実現
```

- 経験の蓄積、規模の経済性の追求、バイイング・パワーの発揮、世界標準の獲得
- 製品設計の改革（使用材料・部品、機能の絞込み、性能・品質の適正化、標準化・プラットフォーム化）
- オペレーションの優位性、アウトソーシング化、グローバル最適調達・生産、流通コスト・マージンの圧縮、等。

コスト・リーダーシップ戦略は、①環境変化により低コスト品の供給継続が不能になる、②技術革新による画期的な新製品や代替製品・代替製造方法が出現する、③資金力に優れる新規参入業者による最新設備を用いた低コストの実現、④コスト・パフォーマンスの相対的劣化、⑤価格コンシャスなユーザーの縮小、に対して脆弱性があります。

(2) 差異化戦略：価格ではなく特異性のある価値や競合他社よりも高い付加価値を提供し、顧客ロイヤリティを高めることによる優位性を確立し、高いマージンを取る戦略です。一般的には、売上高利益率は高い傾向にありますが、常に他社に先駆けた価値が提供でき、追随を許さない仕組みの構築が求められます（容易に追随可能な差別化では、市場はすぐにコスト競争に陥

ります)。差異化要素として、製品・サービスの品質・性能・デザインのよさ、ユニークさによるブランド力、販売チャネルの差別化、アフターサービスによる差別化、があります。差異化戦略は、①他社の模倣による差異化要素の消失、②他社のより優れた差異化価値提供、③顧客の要求高度化により従来の差異化が競争優位とならなくなる、④差異化商品の価格が上昇によるコスト・パフォーマンスの劣化、⑤差別化指向のユーザーがコスト指向への転換、に対する脆弱性を持ちます。

(3) 集中戦略：業界トップの企業は、スケール・メリット／スコープ・メリットを活かし、フルライン戦略を採用することが一般的ですが、業界シェア下位の企業がリーダー企業に対抗するためには経営資源を集中し、そこでの優位性構築に注力する必要があります。特定の市場・顧客層、商品、地域細分化（セグメンテーション）する方法が鍵となります。集中戦略は、①対象とするセグメントと全体市場とのニーズ差が無くなり経営資源の集中に意味が無くなる、②自社の対象セグメントの中に競合がさらに小さなセグメントを見つけて集中戦略を進めてくる、といった場合に脆弱性があります。

3.5 競争戦略におけるバリューチェーン

バリューチェーン（価値連鎖）とは、原材料の段階から最終顧客で消費される段階までの各プロセスにおいて、付加価値を生む機能の連鎖のことで、事業モデルによって規定されます。バリューチェーンは個々の独立した活動の集合体ではなく、相互に依存した活動システムです（図表3-12）。

図表3-12　バリューチェーン

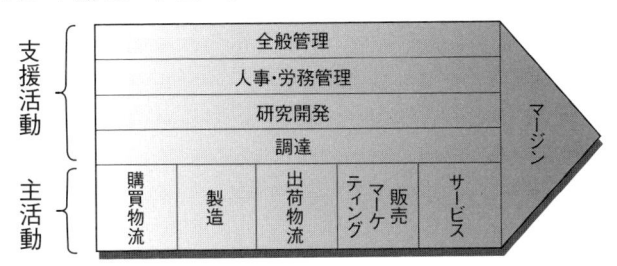

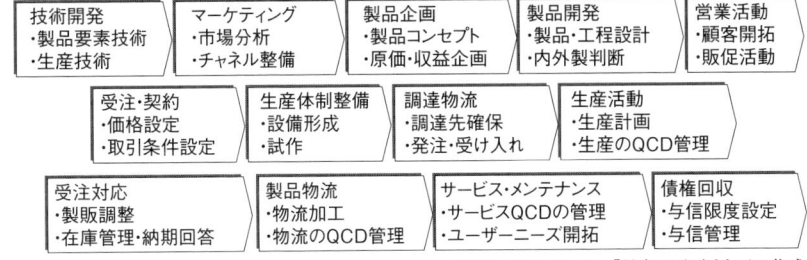

	支援活動	全般管理					マージン
		人事・労務管理					
		研究開発					
		調達					
	主活動	購買物流	製造	出荷物流	マーケティング	販売	サービス

バリューチェーンの主活動要素例

- 技術開発
  ・製品要素技術
  ・生産技術
- マーケティング
  ・市場分析
  ・チャネル整備
- 製品企画
  ・製品コンセプト
  ・原価・収益企画
- 製品開発
  ・製品・工程設計
  ・内外製判断
- 営業活動
  ・顧客開拓
  ・販促活動

- 受注・契約
  ・価格設定
  ・取引条件設定
- 生産体制整備
  ・設備形成
  ・試作
- 調達物流
  ・調達先確保
  ・発注・受け入れ
- 生産活動
  ・生産計画
  ・生産のQCD管理

- 受注対応
  ・製販調整
  ・在庫管理・納期回答
- 製品物流
  ・物流加工
  ・物流のQCD管理
- サービス・メンテナンス
  ・サービスQCDの管理
  ・ユーザーニーズ開拓
- 債権回収
  ・与信限度設定
  ・与信管理

出所：M.E.ポーター『競争の戦略』を元に作成

個々の活動は競争優位の要素となりますが、競争優位は個々の独立した活動としてよりも、それらが最適に調整された連鎖として実現するのが一般的です。その中から、競争優位と価値の源泉に大きく寄与しているのは自社のどの機能なのかを特定することが重要です。サプライヤー、アウトソーシング先、川下業者のバリューチェーンを含めた最適な事業モデルを設計し、その中で自社の核となる優位要因を見極める必要があります。

競争優位を持続するためには、バリューチェーンを環境の変化に応じて再構築する必要があります。バリューチェーンを再構築するための視点には以

下のようなものがあります（図表3-13）。

図表3-13　バリューチェーンの再構築パターン

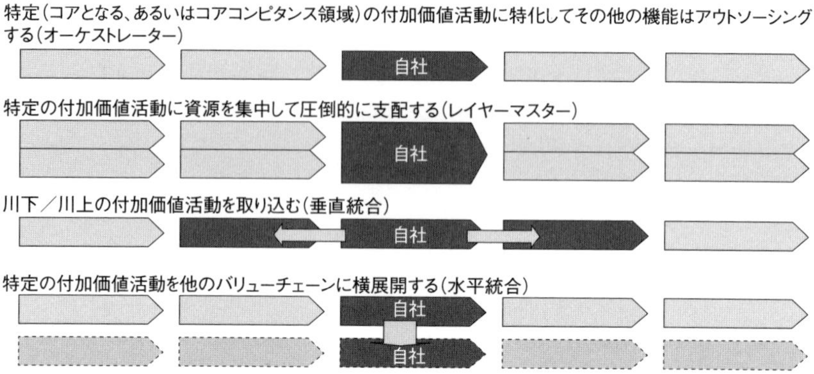
特定（コアとなる、あるいはコアコンピタンス領域）の付加価値活動に特化してその他の機能はアウトソーシングする（オーケストレーター）
自社
特定の付加価値活動に資源を集中して圧倒的に支配する（レイヤーマスター）
自社
川下／川上の付加価値活動を取り込む（垂直統合）
自社
特定の付加価値活動を他のバリューチェーンに横展開する（水平統合）
自社
自社

●顧客にとっての価値を生み出す機能の改革　⇒　新たな機能の取り込み、低付加価値な機能からの撤退
●機能が生み出す付加価値とコストの関係の改革　⇒　高付加価値・高収益機能の取り込み
●自社と川上・川下業者との相対的な能力の強化　⇒　コア・コンピタンス領域への重点資源配分

第4章
顧客価値実現のための事業戦略

　企業の存在意義は、顧客に対する価値提供を通じて社会の満足度を高めることにあります。従って、企業経営における戦略の中心的なテーマは、顧客価値の発掘・実現にあります。ここでは、顧客価値視点から、戦略を策定するための方法を検討します。

4.1　戦略ドメインの考え方

　戦略ドメインとは、企業がその存在意義実現のために選択した事業領域のことです。企業の経営理念を実現する戦略ドメインは、次の3軸で定義されます。

- 自社の事業が対象とする「顧客セグメント（Customer）」の特定。
- 顧客の本質的ニーズを充足するために事業が提供すべき「顧客価値（Value）」の特定。
- 顧客価値を他社よりも優位性を持って提供できるための「技術、ノウハウ、資源（Technology）」の特定。

　戦略ドメインを定義して差異化された事業戦略を策定するのに最も重要なのは、「顧客価値」を起点に自社が何にこだわりながら事業を展開していくか、自社固有の価値提供のあり方を規定することです（図表4-1）。

図表 4-1　戦略ドメインの定義

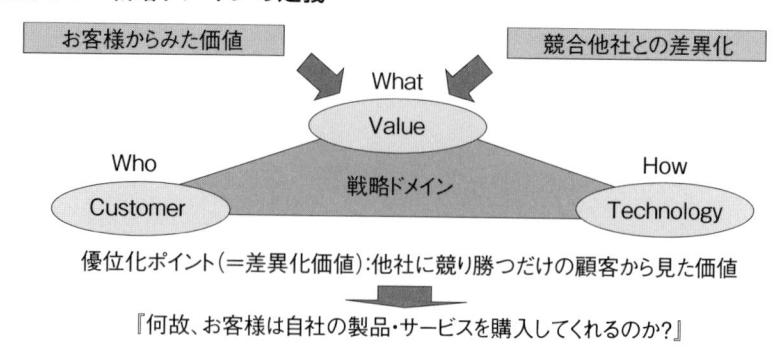

お客様からみた価値　　　　　競合他社との差異化

What
Value

Who　　　　　　　　　　　　　　　　How
Customer　　　　戦略ドメイン　　　　Technology

優位化ポイント（＝差異化価値）：他社に競り勝つだけの顧客から見た価値

『何故、お客様は自社の製品・サービスを購入してくれるのか？』

　戦略ドメインの定義では、適正なスコープを意識することが大事です。抽象的で広過ぎると行動が発散してしまいますが、逆に具体的で領域が狭く規定され過ぎると発展性が無くなり環境変化に対応できなくなります。この点に関しては、鉄道会社の事例がよく引き合いに出されます。衰退した鉄道会社は、旅客・貨物輸送ニーズが減ったのではなく、鉄道のスキル・技術・ネットワークといった物理的な鉄道事業の定義に固執して機能的な「輸送事業」として捉えられなかったため、顧客の「輸送ニーズ」をエアラインに奪われてしまいました。ハリウッドの映画産業は「映画」という物理的な事業定義をしていた時代は不振となりましたが、「エンターテインメント」いう顧客価値視点による再定義により復活を果たしました。宅配便事業は「物流管理」という技術（スキル）が根幹にあるのですが、生活者に「利便性」という価値を提供することで発展を遂げました。

　戦略ドメインを定義する際のもう一つの大事な点は、顧客が認知する価値には基本価値と差異化価値の2種類があることを理解することです。基本価値の領域では競合他社に劣後することを避けなければなりませんが、この領域でどんなに優位性を実現しても顧客の購買決定にはつながりません。顧客の購買意思決定には、差異化価値の領域における優位性の確立が必要です（図表4-2）。

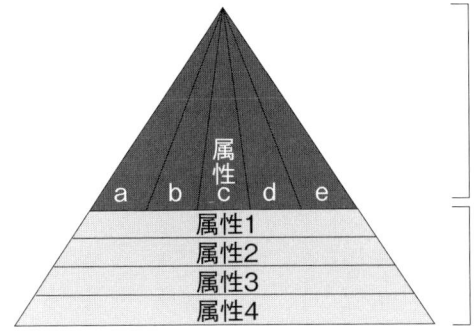

図表 4-2 基本価値と差異化価値のイメージ

差異化価値：
購買意思を決定付けるための
十分条件

基本価値：
購買意思決定の対象として
選択される上での必要条件

- **基本価値**：購買意思決定の対象として選択される上での必要条件
  - 基本価値に対しては、他社と同水準の価値提供ができることが必須条件となる。
  - 基本価値が満たされない商品・サービスは購買対象にならないが、ここで他社を圧倒しても購買決定の要因にはならない。
- **差異化価値**：購買意思を決定付けるための十分条件
  - 顧客が真に求めている価値領域。
  - この価値領域を見極め、他社への優位性を発揮することが重要。
  - 顧客の購買活動は役割分担しているケースが多い（利用者、購買交渉者、支払者、等）。差異化価値を見極めるためには、顧客の実質的な購買意思決定者を特定することが重要。
  - 差異化価値には、「商品／技術」によって実現されるものもあれば、「顧客インターフェース」によって実現されるものもあり、両者の適切な融合により圧倒的な差異性が発揮できることが望ましい。

4.2　顧客価値起点のビジネス・モデル設計

戦略ドメインが定義できたら、次のステップでは差別化価値をベースに事業コンセプトを策定します。さらに、事業コンセプトを具体化するためにバリューチェーンを設計します。新しい事業コンセプトを実現するためには、

通常いくつもの戦略課題が存在します。戦略課題を解決するための基本戦略を策定し、実行スケジュールに展開します。

事業コンセプトでは、事業ドメインで定義した差異化価値の提供において事業採算が確保できるための仕組みを確立します。顧客に喜ばれる価値提供ができても、事業としての採算性が確保できないのであれば、事業として成立しません。さらに、そのような顧客価値提供の仕組みが容易に他社に模倣されないための仕組みを組み込むことも必要です。せっかくよい事業が設計できても、簡単に他社に模倣され追随されてしまうようでは、よい事業戦略とは言えませえん。事業コンセプトの策定では、差異化価値を生み出す核となる機能領域で「稀少」かつ「模倣困難」な資源を配置したバリューチェーンを確立することが大事になります（図表4-3）。

図表 4-3　事業コンセプトの策定

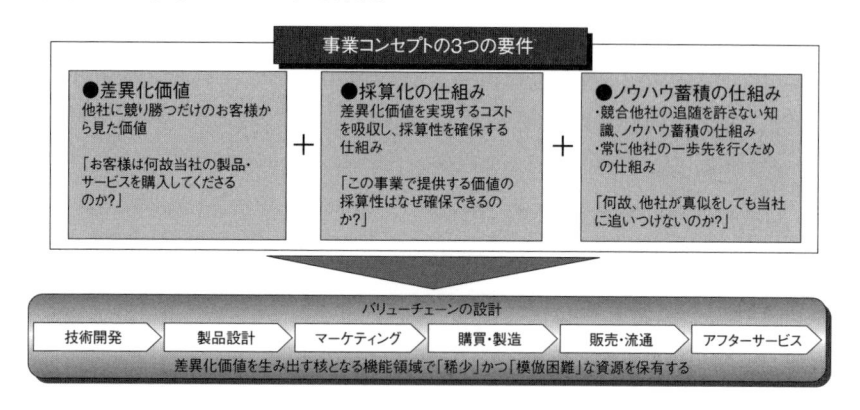

```
            事業コンセプトの3つの要件

●差異化価値              ●採算化の仕組み           ●ノウハウ蓄積の仕組み
他社に競り勝つだけのお客様か  差異化価値を実現するコスト   ・競合他社の追随を許さない知
ら見た価値                 を吸収し、採算性を確保する    識、ノウハウ蓄積の仕組み
                         仕組み                     ・常に他社の一歩先を行くため
                                                   の仕組み
「お客様は何故当社の製品・   「この事業で提供する価値の   「何故、他社が真似をしても当社
 サービスを購入してくださる   採算性はなぜ確保できるの    に追いつけないのか？」
 のか？」                  か？」

                      バリューチェーンの設計
技術開発 → 製品設計 → マーケティング → 購買・製造 → 販売・流通 → アフターサービス
        差異化価値を生み出す核となる機能領域で「稀少」かつ「模倣困難」な資源を保有する
```

4.3　顧客価値の先鋭化とバリューチェーン改革

顧客価値はバリューチェーンによって実現されます。提供する顧客価値が進化すれば、バリューチェーンも進化します。また、バリューチェーンを進化させることで、新たな顧客価値の訴求が可能になります。このように、顧客価値の先鋭化とバリューチェーン改革は表裏一体の関係にあります。

顧客価値の先鋭化は、お客様が本質的に求めている価値に接近することです。顧客の購買動機を深く探求し、より本質的な価値ニーズを解明すること

図表 4-4　顧客価値の先鋭化とバリューチェーン改革

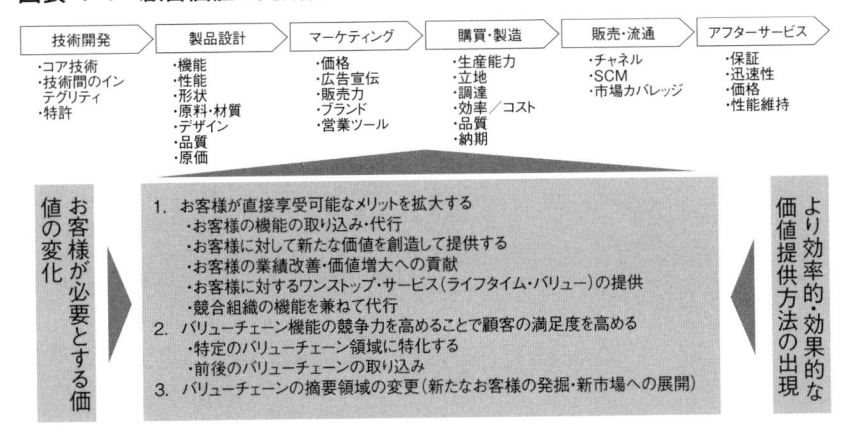

技術開発	製品設計	マーケティング	購買・製造	販売・流通	アフターサービス
・コア技術 ・技術間のインテグリティ ・特許	・機能 ・性能 ・形状 ・原料・材質 ・デザイン ・品質 ・原価	・価格 ・広告宣伝 ・販売力 ・ブランド ・営業ツール	・生産能力 ・立地 ・調達 ・効率／コスト ・品質 ・納期	・チャネル ・SCM ・市場カバレッジ	・保証 ・迅速性 ・価格 ・性能維持

お客様が必要とする価値の変化 →

1. お客様が直接享受可能なメリットを拡大する
   - お客様の機能の取り込み・代行
   - お客様に対して新たな価値を創造して提供する
   - お客様の業績改善・価値増大への貢献
   - お客様に対するワンストップ・サービス(ライフタイム・バリュー)の提供
   - 競合組織の機能を兼ねて代行
2. バリューチェーン機能の競争力を高めることで顧客の満足度を高める
   - 特定のバリューチェーン領域に特化する
   - 前後のバリューチェーンの取り込み
3. バリューチェーンの摘要領域の変更(新たなお客様の発掘・新市場への展開)

← **より効率的・効果的な価値提供方法の出現**

が求められます。顧客価値の先鋭化に対応するためのバリューチェーン改革には、次の方法があります（図表4-4）。

①お客様が直接的に享受するメリットを拡大する。
②バリューチェーンの質・スコープを拡大する。
③バリューチェーンを新たな市場に展開する。

　生産財のビジネスにおける顧客価値の先鋭化では、顧客の最終的な事業目的そのものに接近した利用価値を提供することが有効です。消費財のビジネスでは、顧客の心理的な満足に対する洞察も必要とされます。

第 5 章
ダイナミックな戦略

　これまでは、規範的な戦略論を中心に見てきましたが、社会の複雑性が増し、不確実性が高まるにつれてよりダイナミックな戦略論が必要とされるようになりました。戦略論の最後として、ダイナミズムを持った戦略の考え方を紹介します。

5.1　ダイナミックな戦略の必要性

　技術動向、市場動向、競争構造等、企業経営を取り巻く環境の変化は激しさの度合いを増しています。環境の変化が激しくなるということは、不確実性の度合いも高まることを意味するので、将来予測に関する精度が低くならざるを得ない状況を招きます。

　環境変化がそれほど激しくない時代には、将来はかなりの程度の確実性を持って予測できましたが、環境変化が激しさを増すにつれ、予測にはいくつかの代替的なケース分けが必要になったり、ある範囲を持たせた予測をしたりしなければならないように変わってきます。環境が激変する時代においては、将来予測の曖昧性が高まることは避けられず、予測はある前提条件を置いた場合の仮説といった性格のものに変わっていきます。

　規範的な戦略の一般的なアプローチは次のようなステップとなります。

①現状を正確に認識するとともに、将来の状況を精度よく予測する。
②予測された状況と現状とのギャップを分析する。
③ギャップ領域に対してどのような施策を打つとどのような効果が想定されるかを評価する。

戦略は、環境を分析することによって機械的に決定されるような作業プロセスを通じて策定できるものではなく、ある種の芸術性や職人芸的センスが要求されるという性格を持ちます。しかし、規範的な戦略論は、非常に単純化した言い方をすると、現在と将来のギャップを分析することで採用すべき戦略が見えてくるという考え方に立脚しています。

このように、規範的といわれる戦略論は分析的なアプローチを採用することを基本としており、市場環境や競合状況の予測可能性を前提とした理論的枠組みを持つので、予測可能性の前提が崩れてしまうと、戦略そのものの有効性が問題視されるようになります。

また、規範的な戦略策定における分析アプローチでは、自社の行動が環境に与える影響はあまり考慮されません。自社の存在は分析する環境の外に置き、予測結果に自社の行動の影響は織り込まれていません。しかし、現実の世界では、自社の影響力が強ければ強いほど自社が取る行動の環境への影響度が高くなります。自社の行動選択とは切り離された客観的な環境分析は存在せず、自社の行動は環境に何らかの影響を与えるものです。むしろ、最近の経営の考え方では、企業は環境変化に対して受動的に対処するのではなく、能動的に働きかけることが必要であることを説いています。

静的な性格を持つ規範的な戦略論が持つこのような脆弱性を克服するために、よりダイナミックな戦略の理論フレームが必要であると考えられるようになりました（図表5-1）。

図表5-1　環境の不確実性増大によるダイナミックな戦略の必要性

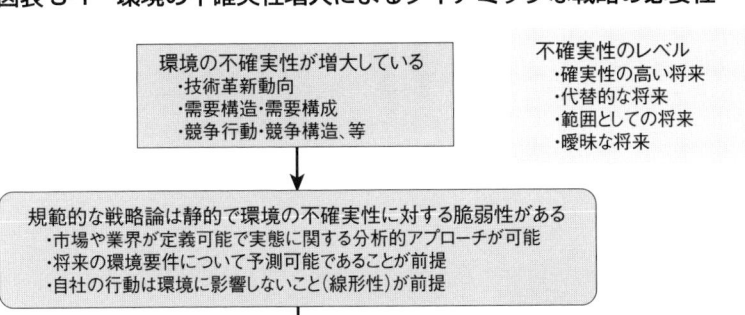

環境の不確実性が増大している
・技術革新動向
・需要構造・需要構成
・競争行動・競争構造、等

不確実性のレベル
・確実性の高い将来
・代替的な将来
・範囲としての将来
・曖昧な将来

規範的な戦略論は静的で環境の不確実性に対する脆弱性がある
・市場や業界が定義可能で実態に関する分析的アプローチが可能
・将来の環境要件について予測可能であることが前提
・自社の行動は環境に影響しないこと（線形性）が前提

よりダイナミックな戦略論が必要

規範的な戦略論を否定するのではなくダイナミックな戦略の基礎的なフレームワークとして位置づける

5.2 内部資源論（Resource Based View）

規範的な戦略論としては、Porterの戦略論が有名です。それは、①企業を取り巻く外部環境を5つの競争要因から分析し、②3つの基本戦略によって自社独自のポジショニングを取る考え方です。Porterの基本的な考え方によれば、魅力の乏しい収益性の低い業界ポジションは、最初から選択すべきではないのです。

(1) 内部資源論の基本的な考え方

よりダイナミックな戦略論として、J. B. Barneyを代表とする内部資源論の考え方があります。Barneyの戦略論は、競争優位の本質的な源泉を「企業内部に存在する経営資源」に求めている点において、Porterの戦略論と大きく異なります。内部資源論では内部環境に着目し、持続的な競争優位を左右する要因は業界の特徴にあるのではなく、その企業が業界に提供するケイパビリティ（能力）にあると考え、ケイパビリティこそが収益性を決める要素であるという理論です（図表5-2）。

図表5-2　ポーターの戦略論と内部資源論の考え方の本質的な差異

ポーターの戦略論	内部資源論
●企業を取り巻く外部環境を5つの競争要因から分析 ↓ ●3つの基本戦略によって業界内における自社独自のポジショニングを取る	●競争優位の源泉は企業内部に存在する経営資源 ↓ ●持続的な競争優位要因はその企業が業界に提供するケイパビリティ（能力）

実際に、ポジショニングだけで収益性が全て決定されるわけではなく、業界全体としては競争が激しく魅力に乏しくても、自社のケイパビリティを研ぎ澄ますことで高い収益性を実現している企業は珍しくありません。企業のケイパビリティを決定するのは内部の経営資源であり、生産設備や不動産等の有形資産、ブランド力や特許等の無形資産、ノウハウやマネジメント力等があります。稀少かつ模倣にコストのかかるケイパビリティを獲得すること

で競争優位が構築され、それを通じて顧客満足を実現するというのが内部資源論の考え方です。

(2) 経営資源の定義

経営資源とは、資産・能力（ケイパビリティ）・コンピタンス・組織内プロセス・企業特性・情報・ナレッジ等、企業のコントロール下にあって戦略を構想したり実行したりすることを可能にするもの全てを含みます。経営資源は、以下4種類のものに分類されます。
- **財務資本**：資本、債権、内部留保等の金銭的資源
- **物的資本**：技術、工場設備、立地、等
- **人的資本**：従業員の能力（経験・知識・洞察力）、教育プログラム、等
- **組織資本**：組織、計画、管理、調整メカニズム、組織文化、等

(3) 経営資源の異質性と固着性

内部資源論の基本前提となるのは、経営資源には「異質性」と「固着性」という特性があるということです。
- **経営資源の異質性**：企業は生産資源の集合体（束）であるが、個別企業ごとに生産資源は異なる。
- **経営資源の固着性**：経営資源にはその複製コストが大きく、供給が非弾力的なものがある。

競争優位は、企業固有の経営資源により外部に存在する機会を活用できたり、脅威を無力化できたりするケイパビリティを持つだけでは維持できません。その経営資源の存在が限られていて、かつその複製が非常に困難ないし供給が非弾力的であることが求められます。

(4) VRIOフレームワーク

経営資源やケイパビリティは企業間で異なりますが、競争優位の源泉を特定するためには、バリューチェーンを構成する各機能の財務資本・物的資本・人的資本・組織資本を認識する必要があります。具体的には「VRIO」というフレームワークを用いることで、その企業のケイパビリティを評価します（図表5-3）。

図表 5-3　VRIO のフレームワーク

```
┌─────────────────┐        ┌─────────────────┐
│     Value       │        │     Rarity      │
│ 経済価値に関する問い │        │ 稀少性に関する問い  │
└─────────────────┘        └─────────────────┘
         　　　　VRIOのフレームワーク
┌─────────────────┐        ┌─────────────────┐
│  Inimitability  │        │  Organization   │
│ 模倣困難性に関する問い│        │ 組織に関する問い   │
└─────────────────┘        └─────────────────┘
```

①経済価値（Value）に関する問い
- 企業が保有する資源が外部の機会を捉えることが可能か否か。
- 企業が保有する資源が外部の脅威を無力化することが可能か否か。
- 経営資源の持つ価値が変化していないか（時間経過に伴う環境の変化）。

②稀少性（Rarity）に関する問い
- どのくらい多くの企業が特定の価値ある経営資源を保有しているのか。
- 稀少でない経営資源やケイパビリティは競争優位の源泉にはならない。
- 稀少性のない経営資源やケイパビリティは競争優位の源泉にはならないが、それを持つ必要がないことにはならない。

③模倣困難性（Inimitability）に関する問い
- ある経営資源やケイパビリティを保有しない企業がそれを獲得する上においてコスト上の不利があるか否か。
- 模倣困難性がない経営資源では持続的な競争優位は構築できない。
- 模倣の2形態
  - 直接的模倣：競争優位をもたらす経営資源やケイパビリティを直接複製する。
  - 代替による模倣：競争優位をもたらす代替的な経営資源を獲得する。
- 経営資源を模倣する際のコスト上の不利をもたらす要因

- 独自の歴史的条件（時間的圧縮の不経済や経路依存性）
- 先行者の利益
- 特許（特許情報の公開は模倣困難性を低める危険性も持つ）
- 因果関係不明性：認識していない組織文化や資産ストックの相互関連性／資産集合の効率性
- 社会的複雑性：論理的・システマチックに因果関係が把握できない

④ **組織（Organization）に関する問い**
- 自社が保有する経営資源やケイパビリティがその戦略的ポテンシャルをフルに発揮できるように設計されているか。
- 指揮命令系統、マネジメント・コントロール体系、インセンティブ・システム等の適切な設計。
- 戦略＝経営資源が有効に機能・活用されるためのマネジメント体系。

　内部資源論における競争優位は、業界の魅力度とは関係なく自社独自のケイパビリティによって獲得できるという考え方ですが、外部環境も無視できるものではありません。模倣困難性を生み出すためには、サプライヤーやユーザーとの関係が大事であり、業界内で適切なポジショニングを確保することが前提となります。ポジショニングの考え方と、内部資源論の考え方は、補完的な位置づけとして活用することが現実的な戦略経営のあるべき姿だと言えます。

5.3　学習する組織

　企業が環境変化に適合するためにケイパビリティを継続的に進化させるためには、組織が学習する能力を持つことが必要です。

(1) 学習する組織の考え方

　学習する組織（ラーニング・オーガニゼーション）は、目的を効果的に達成するために、組織の構成メンバー個々人と個人の集合体としての組織が、その能力を伸ばし続けることができる組織のことです。組織学習とは、目的を効果的に達成するための有効な活動方法等を組織として共同で振り返るこ

とで、個人と組織の能力を高めることです。

競争優位は、個人と集団の両方の継続的学習から生まれます。変化の激しい経営環境において、自らをしなやかに変革させることで進化し続ける「自己組織化」の能力を備えた組織が、学習する組織です。

(2) 学習する組織の構成要素

Peter M. Senge は、複雑性や変化が加速する世界に組織がどのように適応しているかを研究した結果、最強組織の法則として学習する組織には5つの基本的な構成要素（ディシプリン）を発見しました。Senge によるラーニング・オーガニゼーションの5つ要素とは、「自己マスタリー」「メンタルモデル」「共有ビジョン」「チーム学習」「システム思考」です。学習する組織では、これら5つの要素が相互に継続的に影響し合うことで、組織の能力が高められます（図表5-4）。

図表5-4　学習する組織の5つの構成要素

学習する組織の構成要素
- ①自己マスタリー
- ②メンタルモデル
- ③共有ビジョン
- ④チーム学習
- ⑤システム思考

①自己マスタリー

自己マスタリーとは、自分自身が心底から望んでいるビジョンや目的に忠実に従って生きようとするプロセス（過程）のことです。自分の人生にとって大事な目的は何であるのかを突き詰めてありたい姿をビジョンとして常に明らかにし、ビジョンと現実との違いを明確に認識することで効果的な学習が生まれます。Sengeによると、学習する組織とは「自分が大切だと思うことを達成できるように自分を変える」ことにより「自分の未来を創造する能力を絶えず充実させている人々の集団」のことです。

自己マスタリーにおいては、自分の実現したいビジョンのために能力を高

めるキャパシティ・ビルディング（能力構築の仕組み）が必要となります。キャパシティ・ビルディングでは、クリエイティブ・テンションを高めエモーショナル・テンションを回避することが重要になります（図表5-5）。

図表5-5　個人ビジョン達成のためのキャパシティ・ビルディング

- **ビジョン：人や組織の成長・変革の原動力、学習する組織の求心力**
  - 変革の原動力には、具体的ビジョンが必要。
  - チャレンジングなビジョンの方が、変革の原動力となり得る可能性が高い。

- **キャパシティ・ビルディング：チャレンジングな行動が成果を生むためには、「頭脳や体力、意識、実現のための仕組みの構築」が重要。**
  - なりたい姿（＝ビジョン）と現在保有する能力のギャップを縮める上では、ビジョンを短期の目標に分割し、それらを積み重ねることで長期的にビジョンを達成するアプローチが有効。
  - なりたい姿と現実のギャップによる緊張感（テンション）が発生。

- **クリエイティブ・テンション（創造的な緊張感）**
  - ビジョンにより方向付けられた良質で適度な緊張感は、自らの力を最大限発揮可能とし、極めて高い創造性が発揮される。

- **エモーショナル・テンション（感情的な緊張感）**
  - 外部からの脅威に敏感に反応する心理的不安（上司や組織からの強いコントロールがその典型）は、クリエイティビティを大幅に損ね、不正等を招く。

②メンタルモデル（の改善）

メンタルモデルとは、個人がもっている「思いこみ」や「固定観念」のことを指します。学習する組織では、メンタルモデルの概念を理解した上で、自分たちのメンタルモデルを見直すことが重要です。個々人の心に固定化されたイメージや概念を常に内省し、検証・改善していくことがメンタルモデルの克服になります（図表5-6）。

図表5-6　メンタルモデルの改善

- **「メンタル・モデル」とは：**
  - 過去の体験や学習を基に事象とその作用について頭の中に形成されたイメージ。
  - 社会経験を重ねることで蓄積されたモデルに従った予測により、意思決定や行動が起きる。
    - メンタル・モデルの蓄積により、メンタル・モデルを意識しなくとも一連の行動が自動化される。
    - 7～8割は無意識下の自動化された行動。
    - 自動化できない部分に関して、必要な情報を探し出しメンタルモデルで処理し、その状況下でどのように行動すべきかを判断している。

- **メンタル・モデルの限界：**
  - 頭の中で作られた模型であり、完璧でないし間違ってもいる。
  - メンタル・モデルは単純化されて記憶にとどまり、日々の行動の指針として役に立つが、現実とメンタル・モデルとは異なる。

- **学習による行動の改善：**
  - メンタル・モデルによりインプットとアウトプットの因果関係が規定されるが、現実世界でうまくいかないメンタル・モデルは、それを修正するための学習が必要となる。
  - シングル・ループ・ラーニング：PDCAサイクルのような最も基本的な学習行動。計画策定、実行からその結果をモニターして、計画との乖離を評価し、行動や計画そのものの見直しのアクションを起こす。
  - ダブル・ループ・ラーニング：メンタル・モデル自体を見直すためにシングル・ループにもう一つの学習ループを加えた高次の学習（無意識に働くことが多いメンタル・モデルに気づくことは困難なので、メンタル・モデルを修正することも困難）。
  - 学習する組織では、自分自身のメンタル・モデルに気付くことが大きな学習となり、可能性を広げる。

③共有ビジョンの構築

共有ビジョンとは、「自分達がどうありたいのか」に関して、将来の姿を組織の構成員全員で共有することです。組織の中の全ての人がイメージとして共通のビジョンを持つことで、メンバー全員が選んだ未来像や目標に向かって自己啓発を進める組織環境が整います。メンバーが集団のビジョンを自分と切り離すことなく考え始めたときにビジョンの共有が起こり、共有されたビジョンに基づいて集団としての真の創造性が発揮されるようになり、イノベーションが加速します。

ビジョン共有のプロセスは、学習する組織をつくる上でのもっとも重要なポイントになります。未来の姿をビジョンとして表現することで、個人の持つ力を超えた大きな力を発揮させる変革の原動力となり、社員の潜在的な力を行動として引き出すことが可能となります。

共有ビジョンのための要件を次に示します（図表5-7）。

図表5-7　共有ビジョンのための要件

自分達の存在意識が明確化されることで人々の潜在能力を引き出す効果があること。
・単に、業界で一番になるとか、売上や利益の規模を競うことが「成功する」というビジョンでは、潜在能力の発掘は期待できない。 ・企業が社会の中でなぜ存在し、事業を行うことの意味を明確化することこそが、ビジョンの中核であるべき。 ・共有ビジョンは「自分達は何を創りだすのか、社会の中でどのような存在でありたいのか」、経営者と社員たちが一緒になって描く未来の情景。
ビジョン共有のプロセスが確立していること。
・どんなにすばらしいビジョンでも、それが組織の中で共有されなければ意味を持たない。 ・社員は、個人の理想を共有ビジョンに重ね合わせるプロセスを通じて、個人のビジョンに社会的な意義が加わる。 ・仲間と思いを重ねる場が用意され、社会にどのように役立つかの意味を自分なりに考えることで個人のコミットメントが引き出され、自らの力を最大限に高めることができるようになる。

④チーム学習

チーム学習とは、意見交換やディスカッションにより、共同してチームの能力を向上させていくことです。チームのメンバーが達成しようとしている成果を生み出すために、個人の能力を超えたチームの能力を育成する過程のことです。

効果的なチーム学習を実践するためのツールとしてダイアログ(dialogue)という手法があります。ダイアログは、効果的な学習のための共創的な対話

力を育てるための高度なコミュニケーション方法です。ダイアログでは、誰もが立場とか肩書きに関係なく、提案の動議から、賛成意見や反対意見等、物事を多面的に見て自由に意見を出し合います。立場を超えてお互いの背景や想いを理解し合い、共に考え、コンテクスト（文脈）を共有していく話し合いのプロセスがダイアログです。

明確な問題に対して効率的に最適解を導き出そうとするディスカッションと違い、ダイアログには次のようなメリットがあると言われています（図表5-8）。

図表5-8　ダイアログとディスカッションの比較

ダイアログ	ディスカッション
・自分自身のメンタル・モデルそのものの振り返りを行うことで、視野が広がり学習の能力が向上する。 ・あえて結論を出さず、話し合っているメンバーたちが自らの思考を見つめ直す機会となるので、思考の質が高められる。 ・意見の違いや視点の違いを確認できることで、思考の弱点が明らかになり、より望ましい思考へと進化する。 ・質の高い思考が質の高い行動を生み、質の高い行動が質の高い結果につながる。 ・自分たちにとって本当に大事なことについて本音で話し合える関係が構築でき、チーム・利害関係者との関係性が高められる。	・定式化された問題解決に対する専門性の高い人間により進められる。 ・問題解決に対する仮説が設定され、それぞれの成果を想定することで優劣を判断する。 ・合理的、効率的に結論を導き出すことが重視される。 ・議論のプロセスよりも効果的な結論に達することが重視される。 ・決定権限を持つ人の責任において最終的な意思決定が行われることが多い（合議制、多数決制もある）。 ・利害関係者全員の納得が得られる結論に達するとは限らない。

⑤システム思考

システム思考とは、あらゆる物事・事象を相互関係で捉えることで、一連のシステムとして理解する考え方です。さまざまな要素が複雑に関連し合っている問題の全体状況と相互関係を明らかにすることによって、解決策を見いだす技法であり、そうした問題について話し合い理解し合うための手法です。ダイナミックな複雑さを理解し、長期的、俯瞰的、多様な視点から根源的かつ本質的な問題解決または未来創造を考えます。

システム思考の根底にあるのは、組織や社会は非線形システムであるという考え方です。現実の組織や社会は、線形的な論理的直感とは反する非線形

性のシステム（システムとは全体が部分の総和以上のもの）です。非線形のシステムでは、「ティッピング・ポイント」と「システムの抵抗」の2つの概念が重要な意味を持ちます。

- ●**ティッピング・ポイント（閾値）**：そこを超えるとそれまでにはなかったような急激な変化を起こすポイント。
- ●**システムの抵抗**：意図した変化が押し戻されたり、打ち消されたり、あるいは問題が噴出して、なかなか前に進めない状況。

前述の①～④のディシプリンを統合し、個々の課題ではなく、全体の構造を理解し、それに働きかけるフレームを提供します。共有ビジョン策定も、共創的なコミュニケーションも、システム思考に対する理解があることでより効果的なものになります。組織のメンバーの進化を促し、自己組織化を図る場として真の「学習する組織」をデザインするには、システム思考に対する造詣が必須です。逆に、システム思考が欠落すると、「合理的に思える」意思決定が実は害悪を及ぼしていることに気付いていないため問題が繰り返し起きたり、システム本来の目的を見失い手段がいつのまにか目的化して部分最適の弊害に陥ったりするような事態が発生します。

5.4　創発戦略

　企業経営において、戦略計画通りに事業を運営できる可能性はゼロに等しく、むしろ戦略計画通りに事業は運営できないと言ったほうが適切かもしれません。その最大の理由は、戦略計画の策定には市場・競合・調達等様々な環境要因に関する予測を前提にしなければならないからです。環境変化のスピードと複雑性が増せば増すほど、予測に対する誤差の発生が大きくなり、策定した戦略計画も現実の事業環境に適合しないものになってしまいます。

　戦略計画の対極に位置するのが「創発戦略」です。ちなみに、創発とは「出現、発現」を意味します。創発戦略というのは、「最初から計画化」された戦略ではなく、「事業活動の経過とともに次第に出現し、結果として獲得した競争優位要素を戦略として事後的に認知する」あるいは「当初策定され

図表 5-9　意図された戦略と創発戦略

戦略形成要件	意図された戦略	創発戦略
提案者・意思決定者	明確、特定可能（経営陣、担当部門、コンサルタント、等）	意図的な選択結果ではなく曖昧
合理性	分析的に計画化された合理性の追求	探索的な活動を通じて事後的に組織目的との意味づけが解釈された合理性
環境条件	比較的安定した環境に適する	新しい、不確実性の高い環境に適する
戦略高度化プロセス	戦略コンセプトの認知に続いて行動が取られ継続的に見直される	インプリメンテーション先行で事後的に合理化が認知される
組織の学習	表明された戦略をインプリメントする際に理解することによる学習	創発的な戦略の意図的な戦略への再定義を通じた組織学習
組織の理解	戦略コンセプトに関する共通理解	それぞれの組織における分散した理解と行為に基づく意味の多様性

た戦略計画とは異なる遂行課程を経て改めてその実行プロセスの優位性要因を戦略として認知する」ことによって形成されます（図表5-9）。

　創発戦略では、戦略スタッフによる高度な計画策定能力はあまり意味を持ちません。むしろ大事なのは、環境に自律的に適合できる現場の対応能力の高さです。現場の創意工夫により、常に変化する環境に適切に対応し続けることが創発戦略の形成には不可欠な取り組みとなります。しかし、経営目標も曖昧なまま全てを現場に任せっきりにするのが創発戦略ではありません。事後的にではあるにせよ、出現した戦略を統合的な視点から認知する経営機能は不可欠です。

　創発戦略は、経営トップと現場とが対話や擦り合わせを重ねながら環境変化に適合してダイナミックに戦略を創造していく戦略策定と実行プロセスです。環境変化の複雑さ・激しさがますます高まる時代において、環境に適合し実行される創発戦略も一層重要性が高まるのは間違いありません。

　創発戦略の重要性が高まるからと言って、従来型の戦略計画が全く無用になるということではありません。両者を補完的な位置付けにおいて活用するのが現実的なアプローチであると言えます。戦略計画の実行過程において、現場が持つ知恵が十分に発揮されるように、学習する組織のための環境を整

備しておく必要があります。このことにより、戦略計画の実行過程において経営目標をより有効に実現する創発戦略が形成される可能性が高まります。創発戦略が形成されれば、次のステップではそれを前提としたより進化した戦略計画の策定が可能となります。このような戦略計画と創発戦略の共進化を実現することが、イノベーションを加速する戦略経営のあるべき姿であると考えられます（図表5-10）。

図表5-10　戦略計画と創発戦略の共進化

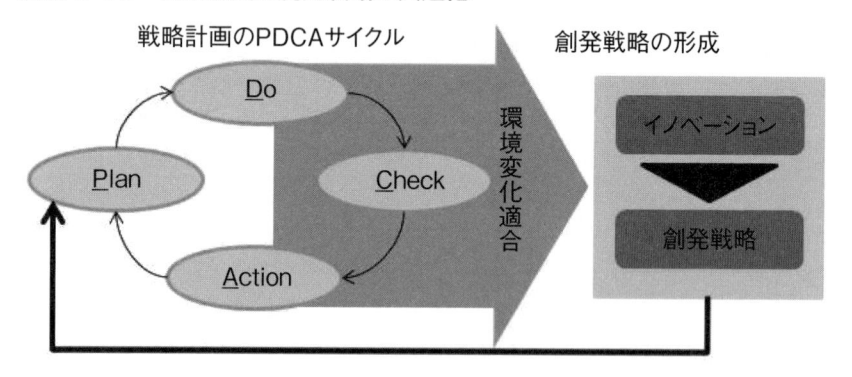

5.5　その他のダイナミック戦略

(1) 法則型ダイナミック戦略論

　規範的（スタティック）な戦略論では構造的に「安定的」とみなされていた要因を「変数」として動的に捉え、構造的な変化を戦略形成に取り入れた考え方です。ポーター理論において固定的に扱われていた「産業構造」を動的なものと見る、PPMにおいて予測可能であるとみなされてきた産業構造変化を予測困難であると位置付ける、等の特徴があります。

(2) ダウニ理論

　ハイパー・コンペティションという状況下においては、従来の競争優位性は妥当ではなく、ダイナミックな戦略インタラクションの視点が不可欠とみなします。ハイパー・コンペティションにおける成功は、現状維持ではなく

現状の破壊であり、そのための優位性獲得であると考えます。「エスカレーション」という基本概念を取り入れているのが特徴で、最初は４つの競争舞台（エスカレーション・ラダー）の各階層内での競争が激しさを増し、次にそれが舞台間でのエスカレーションへと変化します。

- 舞台１－コストと品質競争：価格と品質をめぐる競争の繰り返しとその飽和
- 舞台２－タイミングとノウハウの競争：新製品・一番乗りの優位性をめぐる競争とその飽和
- 舞台３－要塞化競争：製品・地域・チャネルの要塞化とそれを崩す試み
- 舞台４－資金競争力

(3) ウォートン・ダイナミック競争戦略

環境変化を法則的に捉えるのではなく、それがもたらす不確実性のレベルを扱う不確実性型ダイナミック戦略論として位置付けられる理論です。不確実性の中身を体系的に論ずるのではなく、環境に潜む様々な不確実性に対して使用可能な手法を戦略策定プロセスに即して使い分けて適用するという考え方をします。

- 変化しつつある競争環境における優位性の理解：Porter の競争優位の戦略、資源論（ＲＢＶ）アプローチ、等
- 競争企業の行動予測：ゲームの理論、行動理論、共進化理論、等
- ダイナミック戦略の代替案の定式化
- 代替案の中からの選択：シミュレーション（コンジョイント分析）、シナリオ・プランニング、等

(4) チャクラバシ理論

環境変化に積極的に働きかけ、それを自社にとって望ましいものに作り変えるプロアクティブ型ダイナミック戦略論の考え方をとります。情報・通信等のタービュラントな環境における競争優位の源泉のあり方。複雑適応系的

思考が特徴です。

- **戦略の再構築**：イノベーションによる一番乗りを連続的に達成する（イノベーション・リーダーを継続する）こと。ネットワーク効果（ユーザーの囲い込み）を管理すること。流れに乗る（ロックインしかかっている市場への参入回避）
- **トップとミドルによる戦略形成責任のシェア**：ボトム（ミドル）・アップの起業家精神によるイノベーション。事業のコンテクストに対する理解。
- **諸資源を「レバレッジ」し「強化」し「多様化」する組織能力を持つ**：既存の能力を梃子に多様な明日の能力を育てる。

(5) ハメル理論

こちらもプロアクティブ型ダイナミック戦略論で、ビジネス・コンセプト・イノベーションを重視します。富を生み出す新戦略、ラディカルで非線形なイノベーションを目指すために、以下の4要素にイノベーションをもたらすことに力点を置きます。

- **コア戦略**：ビジネス・ミッション（価値命題・戦略意図）、製品・市場スコープ（競争の場）、差別化の基礎（競合と如何に異なるか）。
- **戦略的資源**（コア・コンピタンス、ブランド・特許・顧客データ、コア・プロセス）：企業特殊的な資源を劇的に変える。
- **顧客インターフェース**：顧客とのインタラクションを如何に形成するか。
- **バリュー・ネットワーク**：外部資源のネットワーク。

第 6 章
成長戦略

　企業はゴーイングコンサーン（無期限に事業を継続する前提）であるため、常に成長することが求められます。ここでいう「成長」とは、単なる量的な拡大を図る「大量生産大量消費型」の事業拡大ではなく、地球環境も考慮した、提供価値の高度化・高付加価値化が本質的な考え方となります。

6.1　成長戦略の意義

　社会は常に成長・進化していくことが望ましい姿なので、企業もそれに合わせて貢献度を高めていく必要があります。非成長・縮小均衡型の経営では、社会におけるポジションの低下は避けられず、そのような状態が長く続けば、その企業はいずれ存在価値そのものを失います。
　企業が成長するためには、顕在化しているニーズに対して常に顧客の満足水準を高める対応に加え、潜在的なニーズを開拓し新たなニーズを創造することで新たな満足を提供することが求められます。企業は持続的な成長を目指すことにより、能力を高度化することができ、従業員のモチベーションも高揚できることから、企業内部の満足度向上のためにも重要です。
　企業は、各種の経営資源を活用することで顧客が求める価値を提供することで社会の満足水準を高める機関して位置付けられます。成長戦略とはそのような企業の本来的ミッションの達成において、より多くの付加価値提供をより効率的な資源投入で実現することに他なりません。成長戦略の目的は、「より多くの付加価値を生み出す事業を選定し」、「限られた経営資源を効率よく配分し」、「顧客により多くの価値を提供すること」により、「社会の高度化に貢献すること」にあると言えます。
　投入可能な経営資源には「量的・質的」な制約があるため、より多くの価

値を最も効率的な資源配分で生み出す事業領域を選択する必要があります。そのためには、撤退する事業や機能の領域を選択することも考慮する必要があります。成長戦略は、現状から将来の到達点を予測することで成長の道筋を立てるアプローチでは、抜本的な構造改革を伴う成長戦略は策定できません。パースペクティブとして将来事業が目指すべき姿を描き、意志として描かれたビジョンから逆算して、これから採るべき施策を策定するのが、成長戦略策定の基本的なアプローチとなります（図表6-1）。

図表6-1 成長戦略策定アプローチ

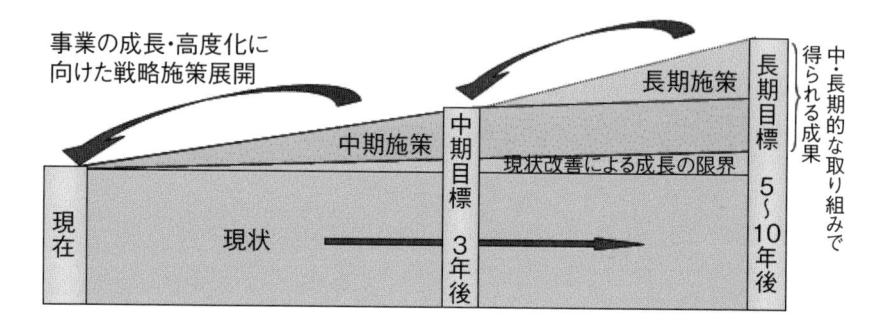

6.2 製品市場マトリクス

代表的な成長戦略の考え方の一つに、H. I. Ansoff が提唱した「製品・市場マトリクス」があります。Ansoff は戦略の4つの構成要素として、①製品・市場分野（事業が対象とする製品と市場セグメント）、②成長ベクトル（成長を実現する事業領域）、③シナジー（事業間・機能間に働く相乗効果）、④競争上の利点（競合他社に対する優位性）を挙げました。製品・市場マトリクスは、商品軸と市場軸で4つのセルに戦略を分類し、現在の製品

図表6-2 製品・市場マトリクス

市場＼製品	既　存	新　規
既　存	市場浸透戦略	製品開発戦略
新　規	市場開拓戦略	多角化戦略（狭義）

市場分野との関連において、成長ベクトルが志向すべき方向性を分析・評価するツールです（図表6-2）。

(1) 市場浸透戦略

- 既存製品を既存市場に販売していく戦略。
- 一般的には導入期・成長期にある市場全体が拡大基調にある事業領域に通用する戦略。
- 販売促進や顧客サービスの充実、商品ラインの充実等により需要を掘り起こす（購入量の拡大、購入頻度・サイクルの改善、潜在ユーザーの顕在化）ことによって、シェアの拡大を目指す。

(2) 市場開拓戦略

- 既存の製品を新規市場に販売していく戦略。
- 新チャネルの開拓、新地域への進出により、新市場を確立する。
- ユーザー・ニーズの発展段階に時間差がある、海外新興国市場の取り込みが現在における大きな課題。
- 製品開発のコストをかけずにライフサイクルの後期の製品を再成長することが期待できるが、チャネル整備への投資が求められる。

(3) 製品開発戦略

- 既存の市場に向けて新製品を販売する戦略。
- 既存顧客のニーズの進化に合わせて、新たな製品によるライフサイクルを確立する。
- 製品力で勝負できる企業が優位性を発揮し易い。
- 「計画的陳腐化」による需要喚起も可能であるが、過当な製品開発投資競争や、ユーザー・ニーズ不在の製品機能・性能の向上は避ける必要がある。

(4) 多角化戦略

- 新規製品を新規市場に向けて販売する戦略で、シナジー効果や既存事業での知見の活用が期待できないため、事業リスクが高い戦略でもある。

- ●安易な多角化は、企業価値や経営効率の低下をもたらすとの反省から、選択と集中が重視されている。
- ●一方で、将来有望な成長市場の取り込み、既存事業の成熟化リスクの回避のためには必要な戦略対応。
- ●多角化戦略における4つのパターン：
  - ①**水平的多角化**：従来の製品・技術的に関係なく既存市場と類似の市場を対象とした多角化。販売・マーケティング面でのシナジーを期待できるが、市場ポテンシャルは低い。
  - ②**垂直的多角化**：バリューチェーンの川上や川下機能への展開や、副産物の製品化による多角化。既存の製品や顧客とのシナジーが期待できる一方、元の事業が衰退した場合、多角化事業全体が衰退するリスクを負う。
  - ③**集中的多角化**：既存の市場（販売シナジー）・技術（生産シナジー）のいずれかに関連ある分野への多角化。高い成長性を持つ新規分野に参入することが可能。
  - ④**集成型（コングロマリット的）多角化**：既存事業と全く関係ない、高い成長性が見込まれる分野への多角化。シナジーは期待できず高リスクであるが、既存事業の成熟化に対するリスク分散には有効。

6.3　国際戦略の考え方

　国際戦略は、現在の成長戦略の要とも言えます。国内市場が成熟化するなか、成長を求めるのであれば新興国を中心とする成長市場への足掛かりを築くことは不可避です。

(1) 国際事業の発展段階に基づく戦略

　企業活動の国際化は、漸進的な進化を辿るのが一般的です。多くの企業に見られる国際化の発展段階は次のようなものです（図表6-3）。最初は事業のスキームが単純な製品の輸出入から始まります。次第に事業機能の海外移転が進み、オフショア化による現地生産が始まったり、現地市場深耕のための機能展開が進められたりします。国際化がさらに進むと、一方向的な取引

の流れではなく、世界各地に広がりを見せる市場に対して供給の最適立地を実現するネットワーク型のビジネス・モデルに発展します。

　国際戦略の基本は、自社の事業が現在どのレベルにあり、次のステップとしてどの発展段階を目指すのかを決定することにあります。国際化の前提となる基本戦略を確立した上で、市場拡大の優先順位づけや機能のグローバル配置を決定します。また、大事な視点として、各種の経営機能をグローバルに展開するには、それに適した組織能力を獲得することが挙げられます。事業の国際化のために必要となる新たな組織能力は、自社で一から育て上げることもありますが、このような対応には時間がかかるので、現地企業とのアライアンスやM&A（合併や買収）といった手段がよく用いられます。

図表6-3　事業の国際展開

1. 輸出・輸入対応：外国（現地）企業の要請に基づき製品を輸出・輸入する貿易取引。

2. オフショア生産対応：生産拠点として現地法人を設立し、低コストで生産したものを本国ないし第三国に輸出。

3. 現地市場対応：ローカル需要に対応するための独自流通網の整備を手始めに、順次現地に生産機能や開発機能を移転する。

4. グローバル・ネットワーク対応：ローカル市場に対し柔軟なグローバル最適供給体制を確立する。

(2) 国際事業の特性に基づく戦略

　M. E. Porter は、グローバル事業には2つの典型的な産業特性があり、それぞれの戦略の特性も異なるとしています。ひとつはグローバル戦略であり、もうひとつはマルチドメスティック戦略です。

　①**グローバル戦略**：世界は単一のグローバル市場で構成され、競争環境がさまざまな国で相互にリンクし合っている。標準化・統一化されたグローバル戦略を全世界で展開。

②**マルチドメスティック戦略**：競争は各国の市場特性に対応して各国単位で行われる。各国固有のマルチドメスティック戦略を展開。

2つのグローバル戦略の特性比較を次に示します（図表6-4）。

図表6-4　グローバル対応戦略の比較

	グローバル戦略	マルチドメスティック戦略
戦略の策定・実行単位	世界全体を単一の戦略単位として認識	各国の市場を戦略単位として認識
競争行動	グローバル・レベルでの競争対応	各国市場ごとの競争
マーケティング戦略	標準化された製品の投入	各国市場にカスタマイズされた製品の投入
バリューチェーンの状況	バリューチェーンの特定機能を最も適切な地域で展開	バリューチェーンの多くの機能がそれぞれの国に別個に展開
組織マネジメントの状況	本社による現地法人のコントロール	各現地法人への大幅な権限委譲

（3）グローバル統合とローカル適合

　C. Bartlett と S. Ghoshal は、国際事業展開している企業では親会社と各国に展開している海外子会社の意思決定権限の所在に関して、常に分権化と集権化の2つの力が働いているので、グローバル統合とローカル適合という2軸のフレームで考える必要があることを指摘しました。

- ●**グローバル統合**：オペレーションをグローバル規模で標準化し、規模の経済性・効率性を追求。
- ●**ローカル適応**：各国市場ニーズ、政府要請・規制等、各国固有の環境に対する適合性を追求。

　それぞれの軸の度合いにより、①インターナショナル企業、②マルチナショナル企業、③グローバル企業、④トランスナショナル企業の4つの戦略マネジメント類型が考えられるので、Porterによるグローバル戦略とマルチドメスティック戦略よりもメッシュの細かい考え方であると言えます。

グローバル統合と、ローカル適合は、二律背反として捉えるものではなく、事業を取り巻く市場や競合環境に適合させて、両者の最適なバランスを見つけることが重要です。

　4つの戦略マネジメント類型の特徴を、①組織や能力の配置、②海外オペレーションの役割、③イノベーション戦略（知識の開発と普及）、の3つの視点から比較すると次のようになります（図表6-5）。

図表6-5　国際事業展開している企業の分類

	ローカル適合 低	ローカル適合 高
グローバル統合 高	**グローバル企業** ●集中大量生産によるスケールメリットを武器に、各国市場で販売チャネルを構築。 ●中央集権型で、海外現地法人は親会社の戦略に沿って行動する。 ●母国に構築された能力を現地化せずに各国に展開。	**トランスナショナル企業** ●他の3つのタイプの要素を併せ持つ。 ●各現地法人は地域経営の要として機能する。 ●また、各国の組織ごとにミッションが設定され、それらをグローバル・レベルで統合することで、知識・ノウハウの共有が促進される。
グローバル統合 低	**インターナショナル企業** ●技術重視で、親会社で開発蓄積した能力を各国に展開。 ●能力の移転は一方向的。 ●中核的な能力は中央集権であるが、その他については分権的な対応。	**マルチナショナル企業** ●各現地法人は自律・分権的に運営され、中央のコントロールは限定的。 ●現地化を徹底し個別の市場環境への対応力が高い。 ●市場間での能力・ノウハウの移転は起こらない。

　4つの戦略マネジメント類型は、環境適合の視点から選択されるべきもので、それらの優劣を論じるものではありません。しかし、これからの時代のグローバル市場における競争環境を想定すると、究極的には「トランスナショナル企業」になることを目指すべきではないかと考えられます。

　日本企業の多くは、各事業領域固有の要請に基づく個別最適なアプローチで国際展開を進めてきました。その結果、意図せざるマルチナショナル企業の形態に発展しました。これまではそのような対応によるメリットもあったのですが、海外進出の効率性やそれに関わる知見の蓄積といった観点からは、弊害も指摘されるようになっています。将来トランスナショナル企業を目指すことがゴールであると考えられますが、マルチナショナル企業の形態から直接トランスナショナル企業に転換することは困難であると想定されます。グローバル統合能力を獲得するためには、一旦グローバル企業のポジショニングを目指すことが必要と思われます。その意味において、今後は本社機能の強化を目指したマネジメント改革が必要とされています。

(4) メタナショナル経営

　トランスナショナル企業の「ナレッジ（＝情報・ノウハウ）」の観点を強めたのが、Y. Doz によるメタナショナル経営論です。メタナショナル経営とは、世界各国で蓄積した経営に関するナレッジを活用してグローバル・レ

図表 6-6　メタナショナル企業の経営

視点	特徴
経営特性	・トランスナショナルに「ナレッジ（＝情報・ノウハウ）」の観点が加わる。 ・世界各国で蓄積した経営に関するナレッジをグローバル・レベルでイノベーション（＝新たなナレッジを活用して新商品・新サービスを発明し、顧客に提供すること）に結びつける。 ・本国のみならず世界中で価値創造能力を高めることで競争優位を確保。
進化要件	・自国至上主義からの脱却。 ・既存の力関係（大市場を重視）からの脱却。 ・現地適応は現地のためという考えからの脱却。
企業の特徴	・本国だけでなく世界中で価値創造が行われる。 ・自国の優位性のみに立脚した戦略をとらず世界中での優位性確保が優先される。 ・世界に分散する重要な知的資源にアクセスでき、社内で融合し、戦略的に活用される。 ・世界各国の現地固有な知的資源にアクセスできる知識・情報のブローカー機能が存在する。 ・融合された知的資源を社内で有効活用できるだけの組織能力を持つ。本国だけでなく世界中で価値創造が行われる。 ・自国の優位性のみに立脚した戦略をとらず世界中での優位性確保が優先される。 ・世界に分散する重要な知的資源にアクセスでき、社内で融合し、戦略的に活用される。 ・世界各国の現地固有な知的資源にアクセスできる知識・情報のブローカー機能が存在する。 ・融合された知的資源を社内で有効活用できるだけの組織能力を持つ。
必要な能力	・新たな知識の感知：新たな技術や市場の予知能力、それらの知識を入手する能力。 ・獲得した知識の流動化：入手した知識を本国や第三国に移転し、新たな知識に融合する能力。 ・知識のイノベーションへの活用：創造された知識をオペレーション・レベルに変換する、イノベーションに結びつける能力。

ベルでイノベーション（＝新たなナレッジを活用して新商品・新サービスを発明し、顧客に提供すること）に結びつける能力を持つことです。メタナショナル企業は次のような経営特性を持つと考えられています（図表6-6）。

　今後日本企業がグローバル市場における優位性を発揮し、存在感を回復するためには、イノベーションをリードし続ける能力を持つことが大事な要件になります。その意味においては、メタナショナル企業の経営を実現することを目指す必要があります。

6.4　日本企業の成長戦略の方向性

　成長戦略は、4つの基本的な方向性で考えることができます。成長戦略として志向する方向性の選択自体も大事な戦略的判断になります。

(1) ポートフォリオ・マネジメントによる事業構造の改革

　成長戦略の基本は、ポートフォリオ・マネジメントです。成熟事業領域から成長事業領域への意図的な経営資源の再配分によって、他社に先駆けて成長市場における優越的なポジショニングの確立を目指します。ポートフォリオ・マネジメントは、自社の意思に基づく戦略展開が可能なため、計画的な成長を主導することが可能です。

　成長事業領域に再配分する経営資源の確保は、単に他事業領域の余剰資源に依存するだけではなく、撤退をも考慮したより積極的な再配分が必要になり、一般的には「選択と集中」と言われています。

　撤退領域の決定は、単に事業の採算性だけで判断するのではなく、その事業において保有する組織能力やノウハウといった競争優位要因の、他事業領域とのシナジー性や補完関係性により判断する必要があります。

(2) バリューチェーン改革による新たな付加価値の取り込み

　事業が持っている既存のバリューチェーン構造を変革することで、顧客に対する新たな付加価値を創造することによる成長が可能になります。バリューチェーンの改革方法にはいろいろありますが、①今まではなかった新たな機能の取り込み、②異なる機能への転換、③他事業領域のバリューチェーン

との融合、④川下や川上業者のバリューチェーンの取り込み、といったパターンがあります。バリューチェーン構造改革の代表的なパターンを次に示します（図表6-7）。

図表6-7　バリューチェーン改革の代表的な類型

〈タイプⅠ〉異質なバリューチェーンの組み合わせによる今までにない新たな価値の創造

2つの異なるバリューチェーン
〈例：キラープロダクト型と顧客密着提案型〉

融合することによる新たなバリューチェーン
〈例：ソリューション提供型〉

〈タイプⅡ〉既存のバリューチェーンの範囲を拡大：川下展開でユーザー機能を代替することによるユーザー価値の増大、アフターマーケット機能の取り込み、等

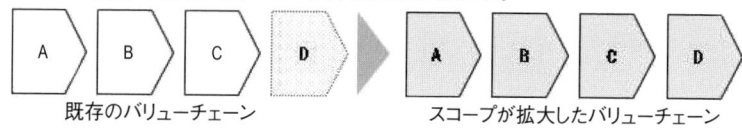

既存のバリューチェーン

スコープが拡大したバリューチェーン

　バリューチェーンの変革は、意図的な戦略に沿った展開が可能です。しかし多くの場合、それまで他社ないしユーザーが担っていたバリューチェーン機能を代替して取り込む必要があるため、機能的な優位性が確立している必要があります。逆に、機能的優位が確立できれば、他社のバリューチェーン機能を代替することで成長を実現することが可能になります。

（3）イノベーションによる新市場創造

　イノベーションは技術革新と同義に考えられることが多いのですが、実はそれに限られるものではありません。異質なものが結合し、それまでの方法を画期的・革新的に変えること全てがイノベーションであり、製品技術のイノベーション、製造技術のイノベーション、ロジスティクスや商流のイノベーション、ビジネス・モデルのイノベーション等、様々な領域におけるイノベーションが考えられます。また、成長戦略の基本的な方向性の二番目で取り上げたバリューチェーン改革もイノベーションを伴うことが多く、2つの成長戦略は相補的な関係にあるとも考えられます。

　イノベーションが起きることで新たな顧客価値が誕生し、新しい市場が創造されることによる成長が実現します。成熟化した日本社会を活性化するた

めには、企業がイノベーションを追求することによる成長戦略がとても大事です。しかし、イノベーションは知識創造という性格が強く、そのため不確実性も高いため、他の成長戦略に比べ計画化によって実現することは困難です。しかし、イノベーションに成功すれば大きなリターンが期待できるので、分析的に計画化可能な取り組みだけに終始するのではなく、リスクを取る経営も大事です。

　イノベーションは不確実性を伴いリスクがありますが、その成功確率を高めることは可能です。イノベーションの源泉は組織の知識創造能力であり、イノベーションによる価値創造は見えざる資源である「無形資産」に大きく依存します。イノベーションの成功に直結する知識創造力を高めるための環境要件はあります（図表6-8）。

図表 6-8　知識創造を加速させるオープンなイノベーション環境

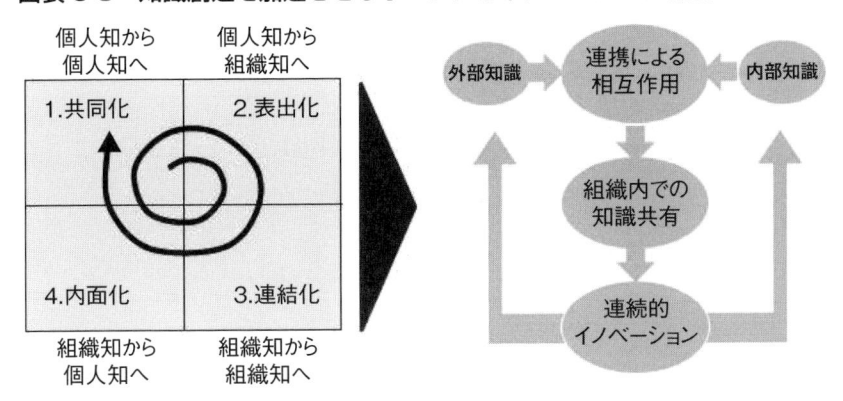

	個人知から 個人知へ	個人知から 組織知へ
	1.共同化	2.表出化
	4.内面化	3.連結化
	組織知から 個人知へ	組織知から 組織知へ

外部知識 → 連携による相互作用 ← 内部知識
↓
組織内での知識共有
↓
連続的イノベーション

- 形式化・論理化前のノウハウや暗黙知、主観に基づく洞察力から始まる知識創造プロセスに対する理解。
- 組織の構成員全員が組織目的にコミットし、単なる情報の共有化・統合化を超えた組織内のダイナミックな相互作用の発生。
- 外部と内部の知識が相互連携できるオープンな知識高度化プロセス。

（4）成長ポテンシャルの高い海外新興国への進出・深耕

　海外市場進出、特に成長ポテンシャルの高い新興国市場への進出とその深耕は、最も期待値の高い成長戦略であると言えます。しかし、新興国の市場を先進国市場に対してタイムラグを持って追随する市場と解釈するのは間違いであり、先進国における既存の成熟型ビジネス・モデルをそのまま新興国市場に横展開することでは成功は期待できません。新興国市場に適した新たなビジネス・モデルを確立することが求められます。

　市場が求める価値が異なる地域に適したバリューチェーンを構築することはリスクを伴うので、新興国市場の成長ポテンシャルは高くても採算を確保することは困難が予想されます。

　新興国市場の主戦場は、BOP（Bottom of Pyramid）からMOP（Middle of Pyramid）といわれる低所得階層になります。新興国市場で優位性を獲得するためには、低所得階層に適した徹底した低価格・低コストに耐えられるビジネス・モデルを確立する必要があります（図表6-9）。

図表6-9　先進国と新興国の市場特性比較イメージ

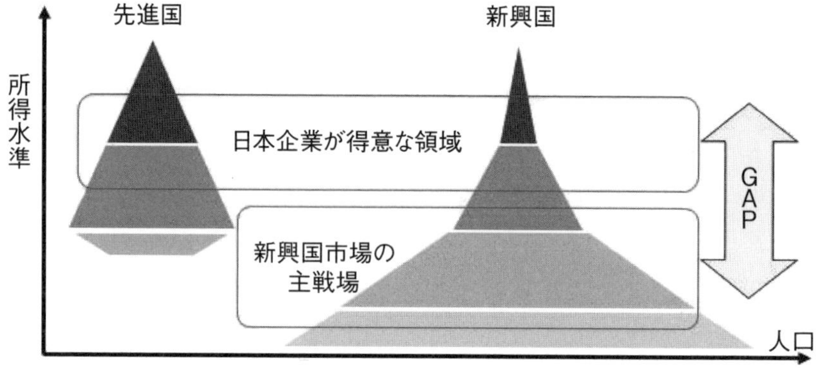

　新興国における主戦場となる市場は、従来日本企業が得意とする市場領域とは全く異なる組織能力を構築することが要求されます。製品仕様の企画・開発にはじまり、調達・製造、マーケティング、金融、サービスといったあらゆるバリューチェーン機能を新興国市場の所得水準とニーズに合わせる必要があります。そのためには、製造機能や販売機能の現地化にとどまらず、

製品の企画・開発機能や調達先を含めたトータルな現地化やグローバル・ネットワーク化を実現しなければなりません。それは、これまでの日本企業の強みであった組織能力や文化を一旦否定し、新たな組織能力と文化を作り上げることを意味します。

このような変貌を遂げることに抵抗を持つ企業が多いのは事実です。何も慣れないBOP～MOP市場で不利な闘いを展開する必要はなく、規模的には小さくても日本企業の強みが活かせる新興国のハイエンド市場だけをターゲットにした国際事業展開でもよいのではないかという考え方もあります。

ニッチ市場のトッププレイヤーの位置を確保するという戦略も確かに存在します。しかし、日本企業がそのような戦略ばかりを採るのであれば、世界の成長を取り込むことができず、そのようなニッチ市場で生き残ることができる企業の数も限定されたものになることが想定されます。

もう1つのリスクは、BOP～MOP市場というマス市場を押さえた企業が、次のステップとして徐々にハイエンド市場を侵食し始めることです。マス市場で支配的な地位を確立した企業が持つバリューチェーンや組織能力基盤を、ハイエンド市場の獲得に活用することにより、先発企業の優位性を奪うことの可能性は決して低くありません。

全ての企業が新興国の主戦場であるBOP～MOP市場をターゲットにする必要はありませんが、グローバル・プレイヤーとして主導的なポジションを確立できるだけの成長戦略を採用する企業が日本企業の中からも現れることを期待したいものです。この章の最初で述べたように、成長戦略の実現は世の中に対する価値提供での貢献度合いを高めるという意義があるとともに、そこで働く従業員にとっても大きくモチベーションを高揚する要素となります。成長戦略をグローバル市場での成功シナリオとして描ける企業が求められています。

第7章
マネジメント・システム

　企業が存在することの目的は、「社会が必要とする価値を創造し、効率的に提供し続けることを通じて、社会全体の満足度の向上に寄与することである」と考えます。企業は、投入した経営資源を顧客が求める価値に変換するためのシステムであり、提供した価値への対価を受け取ることでシステムが機能するために必要な費用を賄います。

　企業経営（マネジメント）とは、複数のステークホルダーの期待に応えるために、価値創造システムとしての企業を常に適正な状態（Good Shape）に保つこと、すなわち変化する環境に適合できるように価値創造システムを常に進化させ続けることであると言えます（図表7-1）。

図表7-1　企業システムとマネジメント

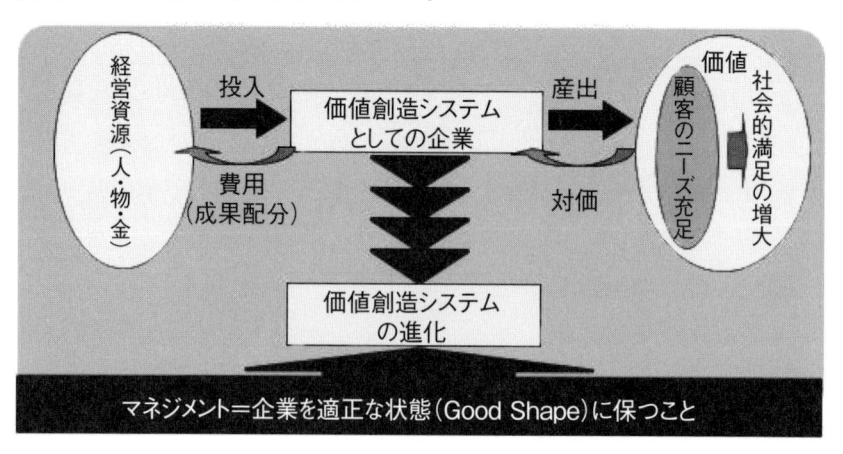

7.1 戦略マネジメント・コントロールとマネジメント・システム

　環境が全く変化しないのであれば、その環境に合わせた最適な価値創造システムを一度設計してしまえば、その後戦略を再構築して価値創造システムを進化させることを考慮する必要はありません。しかし、現実には環境変化がない世界というのはあり得ないので、変化する環境に合せて戦略を修正し、コントロールする必要があります。

　戦略をコントロールするというのは、環境に対して能動的に働きかけることにより、①戦略目標や計画の策定活動そのものの妥当性を担保するための制御と、②組織の活動（組織の管理者と構成員）を戦略実現に向けて最適な方向に誘導する制御との両面があります。

　前者の制御は、その企業が存在することの意義・目的を経営が目指す価値や理念として明確に定義し、その実現に向けた経営戦略や事業戦略策定の妥当性を確保する仕組みのことです。価値命題的な要素が強く、主として外部との関わり方への対応（＝エクスターナルなイシュー）という性格が強いと言えます。後者の制御は、戦略を実現するための組織活動のコントロール手段を設計・運用することです。事実命題的な要素が強く、主として内部対応（＝インターナルなイシュー）の性格が強いと言えます。よい経営を実現す

図表7-2　経営の2つの側面

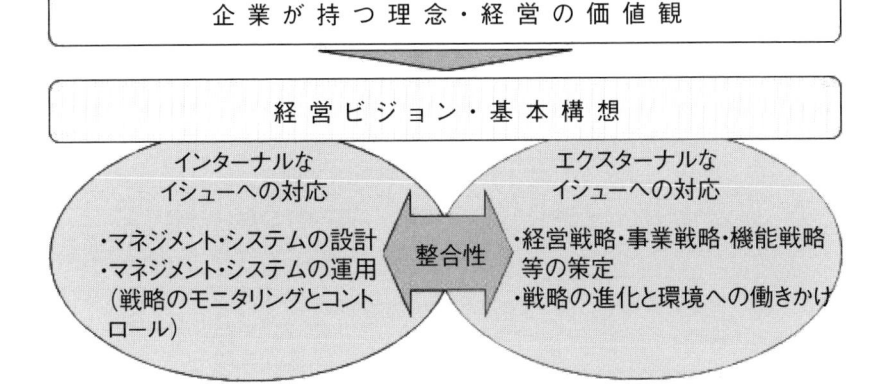

```
┌─────────────────────────────────────┐
│  企 業 が 持 つ 理 念・経 営 の 価 値 観  │
└─────────────────────────────────────┘
                    ▽
┌─────────────────────────────────────┐
│    経 営 ビ ジ ョ ン・基 本 構 想      │
└─────────────────────────────────────┘
```

　インターナルな　　　　　　　エクスターナルな
　イシューへの対応　　　　　　イシューへの対応

・マネジメント・システムの設計　　・経営戦略・事業戦略・機能戦略
・マネジメント・システムの運用　　　等の策定
　（戦略のモニタリングとコント　整合性　・戦略の進化と環境への働きかけ
　ロール）

るためには、両者の整合を図ることが大事になります（図表7-2）。

　マネジメント体制の構築は、価値創造システムとしての企業を環境変化に対して適合的に進化させるための、「適切な戦略（目標・計画）の策定とその実現に向けて企業活動を制御する仕組みを改革すること」と定義すれば、その内容は次のようなものになります。

①戦略を実践する体制・仕組みを構築する。
　・組織体制の設計
　・マネジメント制度の設計
②戦略を階層的にブレークダウンし各階層における戦略目標を実現するための活動をコントロールする。
　・上位階層の戦略の解釈
　・活動指針の設定
③戦略の実現度合いを測定・評価する。
　・それぞれの階層における戦略目標と実績の乖離の把握
　・原因分析とアクションに関する意思決定
④将来の戦略経営を進化させる。
　・戦略の修正
　・マネジメント体制の修正

　企業経営は価値創造システムを適正に保つための活動であり、マネジメン

図表 7-3　マネジメントのためのフィードバック概念

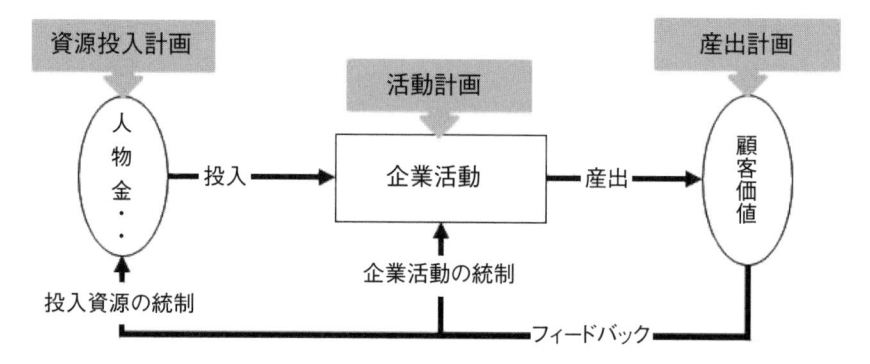

ト・システムは価値創造システムを適正に保つための制御の仕組みと捉えることができます。設定した戦略目標（企業活動の結果として実現されるはずの顧客価値）の実現に向けて、企業活動とそれに必要な資源投入を制御するためのフィードバック機構を提供するのがマネジメント・システムの本質であると考えます（図表7-3）。

企業全体の活動は、事業活動レベル、機能活動レベル、業務活動レベルといった階層にブレークダウンされていきます。従って、フィードバックのための機構も、それぞれの活動レベルごとの投入・活動・産出計画に基づいて構築する必要があります（図表7-4）。

図表7-4　階層化されたフィードバック・サイクル

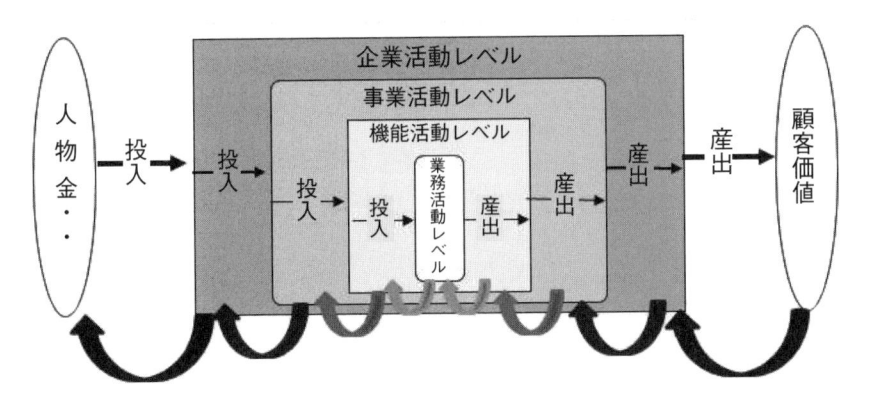

7.2　管理（PDCA）サイクル

マネジメントの基本は、企業活動の各階層においてフィードバック・サイクルを構築することにあり、このフィードバック・サイクルのことを一般的には「管理サイクル」と呼びます。計画策定（Plan）、実施（Do）、評価（Check）、対策（Action）の一連の流れを確立することを意味することから、PDCAサイクルと呼ぶこともあります。

企業の活動成果と計画された目標の乖離を測定し、乖離が発生した原因を分析することで目標 - 実績ギャップの解消するための対策を立て、当初目標の達成を可能にします。計画と実績の乖離がはなはだしく、当初計画の達成

が著しく困難な場合には、計画自体を修正することが求められます。管理では、活動成果自体を精緻に把握・測定することが目的化され易いのですが、計画達成度（＝目標と実績の乖離）を知ることによって、乖離を修正するための対策立案や計画・目標そのものを変更することによる戦略実現度の向上が本質的な目的です（図表7-5）。

図表7-5　管理（PDCA）サイクル

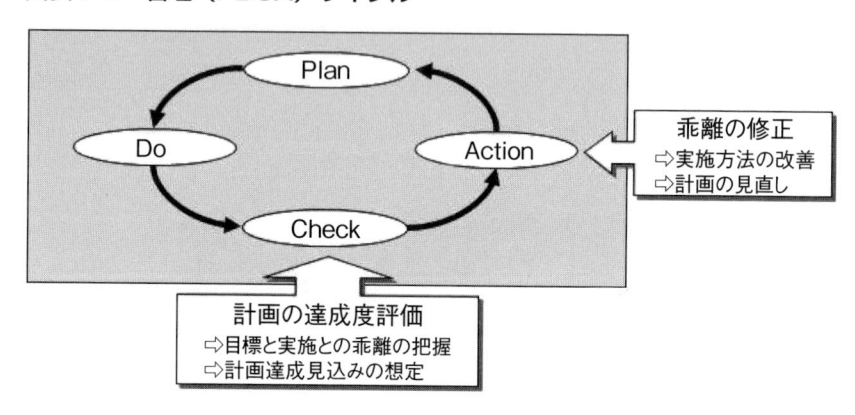

戦略の階層構造については、既に2章で説明した通り、時間軸と組織構造軸が存在します。目標設定段階においては、上位の戦略が下位の戦略へと展開されるので、戦略のブレークダウンのプロセスとしてのインターフェースが必要となります。戦略遂行段階では、それぞれのレベルの戦略目標の実施

図表7-6　戦略の階層構造別PDCAサイクル

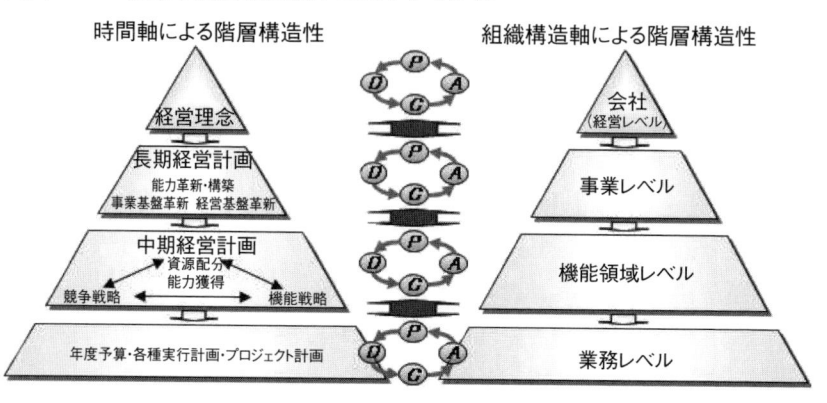

コントロールのための管理サイクルを確立する必要があるので、戦略の階層構造に沿って、それぞれの階層における管理サイクルの構築が求められます。計画 - 実績の乖離に基づくアクションは、それぞれの階層で閉じて対応が可能な対策と、上位の戦略階層にまで立ち戻らないと対応可能できない対策があるので、戦略階層間でアクションをフィードバックするための仕組みが必要となります。戦略の階層構造に沿った管理サイクルの構築は、このように階層性のある戦略計画レベル内および戦略計画レベル間でのフィードバックを実現するものです（図表7-6）。

　事業戦略が中核的な重要性を持つ事業部制組織における、戦略目標の組織軸に沿った展開とフィードバックのイメージを以下に示します（図表7-7）。

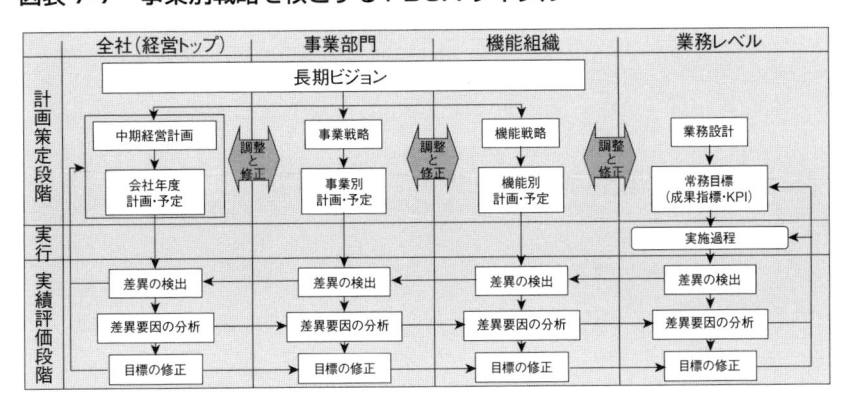

図表7-7　事業別戦略を核とするPDCAサイクル

	全社（経営トップ）		事業部門		機能組織		業務レベル
計画策定段階	長期ビジョン						
	中期経営計画	調整と修正	事業戦略	調整と修正	機能戦略	調整と修正	業務設計
	会社年度計画・予定		事業別計画・予定		機能別計画・予定		常務目標（成果指標・KPI）
実行							実施過程
実績評価段階	差異の検出		差異の検出		差異の検出		差異の検出
	差異要因の分析		差異要因の分析		差異要因の分析		差異要因の分析
	目標の修正		目標の修正		目標の修正		目標の修正

　現実には管理サイクルが機能不全を起こしているケースが散見されます。その理由としては、①戦略計画が「絵に描いた餅」で実行性を伴っていないこと、②実施結果の測定方法やフィードバック方法が適切でないため戦略実現のための軌道修正ができないこと、③傾向管理（対前期比での伸びや改善中心の管理）の色彩が強く戦略をコントロールする意識が乏しいこと、等が考えられます（図表7-8）。

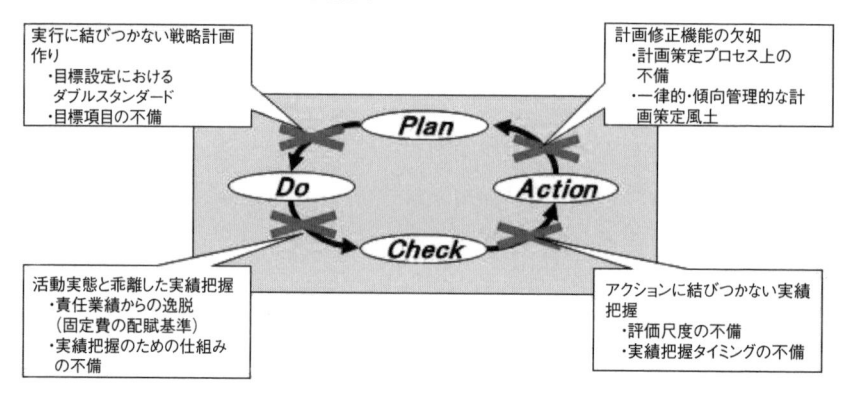

図表 7-8　管理サイクルの機能不全

```
実行に結びつかない戦略計画              計画修正機能の欠如
作り                                    ・計画策定プロセス上の
 ・目標設定における                        不備
   ダブルスタンダード                   ・一律的・傾向管理的な計
 ・目標項目の不備                         画策定風土

                    Plan
              Do          Action
                    Check

活動実態と乖離した実績把握              アクションに結びつかない実績
 ・責任業績からの逸脱                   把握
   (固定費の配賦基準)                   ・評価尺度の不備
 ・実績把握のための仕組み               ・実績把握タイミングの不備
   の不備
```

マネジメント・システムは、企業あるいは事業が実現したい状態を戦略として計画化し、その実現度合いを高めるための仕組みであることが求められ、そのためには戦略体系と整合的に管理サイクルを構築することが必要です。

7.3　業績の評価と戦略マネジメント・コントロール

マネジメントの大事な要素として、業績の評価・管理があります。ここでは、業績の評価の考え方を、戦略マネジメント・コントロールの視点から見ることにします。

先ず、評価するという行為ですが、それは評価対象の状態を、ある特定の基準と比較することであると言えます。評価に際して用いられる基準には次のようなものがあります。

① **目標や計画において実現されるべき状態**：実現すべき計画値や目標値に対する達成度による評価。
② **特定の時点や期間の状態**：前の期や特定のサイクル期間における実績値に対する改善度による評価。
③ **競合に対する状態**：ライバルないしベンチマーク対象となる企業や製品との優劣による評価。

戦略マネジメント・コントロールの視点からは、戦略目標や計画の達成度を評価することが最も大事になります。対前期比の伸びや改善度合い、ライ

バルとの優劣や序列の状況等も事業を運営する上では大事な要素であることには間違いはありません。しかし、それらが戦略的に達成すべき重要な要素であれば、戦略的な意思に基づく計画に織り込まれるべきです。

戦略目標を業績として評価することによってコントロールすることが、戦略マネジメント・コントロールの根幹になります。ただし、戦略目標は多様性があるので、業績評価も多様性を持つことが必要であり、それぞれのレベルにおける戦略マネジメント・コントロールに相応しい業績評価指標を選択することが大事になります（図表7-9）。

図表7-9　業績評価目的の多様性

```
●外部投資家やアナリストに対する情報開示              絶対的なパフォーマンス
  ➢投資対象としての妥当性判断                        （事業の価値）
●全社（グループ）レベルでの経営戦略の策定                  ↑
  ➢事業ポートフォリオ（Growth-Profitのポジショニング）の検討
  ➢事業や組織の業績目標設定（CF、EVA、ROA/ROE、売上・利益、等）
  ➢経営資源配分計画（資金、人材）
  ➢M&AやJV設立に関する経営判断
●戦略事業単位組織における戦略の有効性を高めるためのマネジメント・コントロール
  ➢階層的なPDCAサイクルの確立
  ➢環境と戦略との適合性判断                               ↓
  ➢戦略の実現度合いの評価とアクション
●組織の活性化やそのための人事的な処遇への反映      相対的なパフォーマンス
  ➢処遇面におけるインセンティブの明確化              （責任業績達成度）
  ➢成果主義による人事処遇制度への反映
  ➢処遇を伴わないモチベーションの向上
```

たとえば、投資のプライオリティーに関する意思決定では、事業の絶対的な価値が大事な戦略判断指標になるので、事業の絶対的なパフォーマンス指標に基づく業績評価が適していると言えます。それに対して、特定の機能を分担している組織の業績評価では、当該組織の責任業績の考え方を明確化し、その組織がコントロール可能な相対的なパフォーマンス指標による業績評価が必要になります。戦略事業単位で構成される組織の業績評価では、事業戦略が目指しているパフォーマンス指標が業績評価に用いられます。戦略事業単位で構成される組織に委譲される責任・権限の度合いが高まり、事業単位で完結したより自律的な組織運営が求められるようになるほど、業績評価指標は事業の絶対的なパフォーマンスを表すものが選択されるようになります。

第 8 章

経営組織と組織論の系譜

　マネジメント・システムの構築は経営組織の設計に大きく依存します。ここでは、経営組織の基本的な要件を確認した上で、組織に関する理論がどのような変遷を辿って今日に至ったのかを俯瞰することにします。

8.1　経営組織の基本要件

　経営組織は、企業の経営目的を有効かつ効率的に達成するために、複数の人間が活動するシステムです。目的合理的な経営組織とは、複数の人間の協働によって個人の能力を超えた経営目的を達成する、分業と調整のメカニズムが備わったシステムと考えることができます。経営組織では、適切な分権化の構造を設計することが重要になります（図表8-1）。

図表8-1　経営組織における分権の考え方

```
◆経営組織における分権化の目的 ⇨ 大規模で複雑な企業運営を可能にすること
 1. 経営目標（全体ゴール）の達成を、分権組織単位に分解したサブ目標の達成により実現する。
 2. 価値創造活動のための諸機能の専門分化により、それぞれの役割を果たす上で必要な能力の高度化を促進する。
 3. それぞれの分権組織のミッションに応じた権限を委譲することにより、自律的な活動を強化する。
```

```
●分権的な活動の成果が最大化される業務機能と人材のくくりを実現する
　・分権的な活動に必要な自律的な意思決定が可能である
　・分権的な活動の制御（コントロール）が可能である
　・分権的な活動の成果が測定可能である
```

協働とは、経営目的達成のために、複数の人間からなる意識的に調整された体系的な活動を意味します。協働が成果を上げるためには、分業の概念が大事であり、適切な分業化が行われることにより意味のある体系的な活動が生まれます。適切な分業がないまま、多数の人間が集合しても、協働のメリットは発生せず、個人の能力を大きく超えた経営目的は達成できません。分業化された経営組織は、シナジー効果が期待できるシステムとしての特性が発揮されるので、企業全体が達成できる成果は、個人が個別に達成できる成果の総和よりも大きくなります。

分業（division of labor）は、企業全体の経営目的をより小さな組織別の目標に分割し、分割された目標を達成する上で最適な業務機能・プロセスを設計することにより、大きな成果を効率的に実現することを可能にします。分業により、次のようなメリットを追求することが可能になります。

①仕事の分割により、限られた範囲の仕事に対する高度な専門知識・技能の習得が容易になる。
②仕事を分割することで標準化が容易となり、スキル獲得に要する時間が短縮される。
③個人では成し遂げられないような大規模で複雑・高度な仕事が遂行可能となる。
④ヒエラルキー構造を構築することで大規模な組織を効率的に管理・運営することが可能となる。

一方で、分業には「分割された仕事を協働として再統合するための調整のメカニズムが必要になる」というデメリットがあります。細分化された仕事を全体目的の達成に向けて統合するには意図的な調整が必要になり、調整手段としてのコミュニケーションとコミュニケーション経路の設計が重要になります。

経営組織の大規模化に即したコミュニケーションを実現するために、ハブ・スポーク型（ピラミッド型）やネットワーク型のコミュニケーション経路があります。組織構造とコミュニケーション経路を一体化して設計すると、ピラミッド（カスケード）型の構造を取ることが一般的な対応となります

（図表 8-2）。ピラミッド型の構造は、比較的単純な設計原理が適用できるという利点があるのですが、現実の企業行動は複雑でむしろネットワーク型の因果関係が作用するシステムです。経営組織の設計では、ピラミッド型の構造を基本としつつも、ネットワーク型構造の利点を取り入れる工夫が大事になります。

図表 8-2　組織とコミュニケーション経路の構造

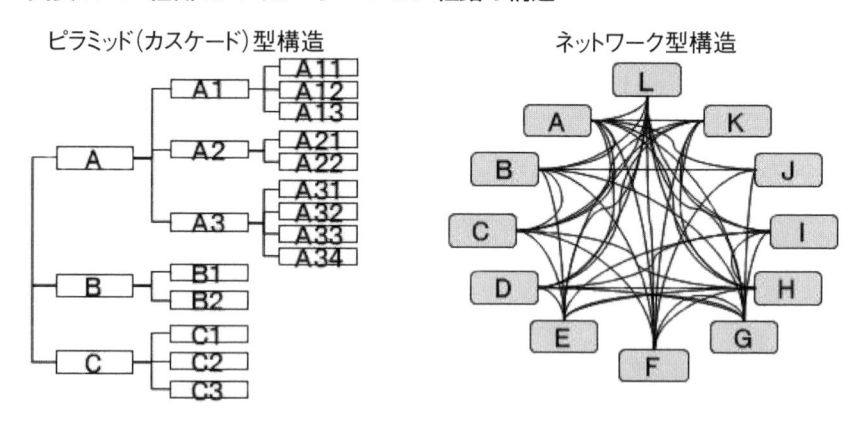

8.2　組織論の系譜

　経営組織論は、主として組織体としての企業の経営問題を扱う学問で、経営組織に関する普遍的な理論の構築を目指すとともに、実践的な問題解決もスコープに含みます。

　組織論では、経営目的を合理的に達成する「目的合理性の追求」が大きなテーマです。その一方で、組織は人間的要素も考慮する必要があり、また企業の活動の存続が社会的に許容されるものである必要があるため、「人間性の追求」と「社会性の追求」も大事なテーマになります。

　経営組織を捉える視点には、①組織構造・組織形態と戦略を扱うマクロの視点と、②組織行動と意思決定、組織の活性化とリーダーシップを扱うミクロの視点とがあります。

　経営組織論のアプローチはこのように多様であり、その時々の問題意識によって力点の置かれ方が変わっています。従って、経営組織論を理解するに

は、個別の理論に関する知識を得るだけではなく、過去の発展経緯を俯瞰して捉えておく必要があります（図表8-3）。

図表8-3　組織論の系譜

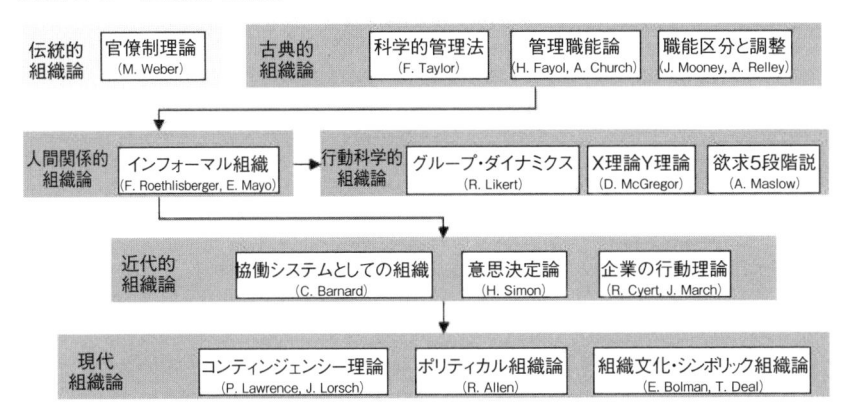

伝統的組織論	官僚制理論 (M. Weber)			
古典的組織論	科学的管理法 (F. Taylor)	管理職能論 (H. Fayol, A. Church)	職能区分と調整 (J. Mooney, A. Relley)	
人間関係的組織論	インフォーマル組織 (F. Roethlisberger, E. Mayo)			
行動科学的組織論	グループ・ダイナミクス (R. Likert)	X理論Y理論 (D. McGregor)	欲求5段階説 (A. Maslow)	
近代的組織論	協働システムとしての組織 (C. Barnard)	意思決定論 (H. Simon)	企業の行動理論 (R. Cyert, J. March)	
現代組織論	コンティンジェンシー理論 (P. Lawrence, J. Lorsch)	ポリティカル組織論 (R. Allen)	組織文化・シンボリック組織論 (E. Bolman, T. Deal)	

これまでの経営組織論の進化を俯瞰すると、いくつかの大きな流れを認識することができます。

①**科学主義の流れ**
- Taylorによる「科学的管理法」：標準化による最適な仕事のやり方。暗黙的技能の形式知化は管理者の責任。
- Simon：経営職能の本質は制約された合理性の中で意思決定。人間は情報処理システムとして機能している。

②**人間主義の流れ**
- Mayo/Roethlisberger：帰属意識・インフォーマル組織における人間関係が生産性を高める。

③**科学主義と人間主義の統合**
- Barnard：「協働システム」としての組織の管理。論理的な科学的知識と非論理的な行動的知識（感じ、センス、調和、バランス、等）の存在が重要。

④**現在の論点**
- 「知識社会」におけるイノベーション促進のための仕組み。

・「現場力」の解明とその強化のための組織・管理制度。
・「複雑性の科学」、「ネットワーク理論」、「情報通信技術進化」、「経済物理学」、「脳科学」等他分野と融合した学際的なアプローチによる新たな経営のフレームワークの確立。

　組織・管理に関する理論は、一方向的な積み重ねによる進化の道筋を辿ってきたわけではありません。これからも、組織・管理に関する理論は新たな進化を遂げることが期待されますが、それは過去の理論を完全に否定するものではなく、異なる前提や新たな視点からそれまでの理論が持つ欠点や不完全さを補完するような形で進化し続けることが想定されます。現実の組織行動によりマッチした体系が確立することによって、より性能がよい価値創造システムの構築につながることが期待されます。

第9章
古典的組織論

「古典的組織論」というと、現在の経営にはもはや通用しない陳腐化した理論のように聞こえるかもしれませんが、実は古典的な組織論は現在でも立派に通用します。古典的な組織論には欠点もあり、それを補うためにその後の理論へと進化しています。従って、古典的組織論だけで現在の企業経営を構築することはできませんが、大規模経営のための理論的枠組みの多くは、今でも古典的組織論に立脚しているといっても過言ではありません。

9.1 官僚制組織

大規模経営におけるもっとも効率的で合理的な組織形態として、Max Weberによる官僚制組織が挙げられます。通常「官僚制」という言葉は、融通が利かない非効率な組織の代名詞として使われます。しかし、本来の官僚制組織に勝る効率的な組織形態は存在しません。

(1) 組織における権威構造

Weberによる組織研究の大きな特徴のひとつは、組織の権威構造を解明した点にあります。組織が目的志向的な行動を取るためには、組織の下位役割にある構成員に対して、上位役割にある人の指示に従わせるための支配が必要とされます。組織を支配するためには、①服従を強いる権力か、②自発的な服従を促す権威のいずれかの存在が必要です。Weberは権威の形態に基づいて、組織を3つの類型に分類しました。

- **●カリスマ的権威**：リーダーの個人的なパーソナリティに備わっている天賦の特殊で超自然的な資質による権威。カリスマ本人がその地位を退けば、その神聖性、模範性は消えてしまうので、3つの権威で最も不安定。

- ●**伝統的権威**：リーダーがある身分を受け継ぐことによって持つ権威。権威の踏襲は慣習や先例が大きく影響し、世襲という形をとることが多いので、合理性は担保され難い。
- ●**合理的‐合法的権威**：特定の目標を達成するための機能を与えられた組織は、規則と手続きに則り、その機能を最大限に遂行するのに必要な権威が役職者に与えられる。権威の正当性は制定された秩序に基づく合法性であり、最も優勢な制度である。
  - ・法は意図的に制定された諸規則の体系であり合理的な志向を持ち、行為するひとびと（下位役割にある構成員）によって遵守されるために制定される。
  - ・下位役割の構成員は「法」に対してのみ服従し、秩序により付与された管轄権の範囲内においてのみ服従の義務を負う。
  - ・合法的命令を発する役職者自身もまた非人格的な秩序に服従・準拠している。

(2) 官僚制組織の特徴

　官僚制組織は、「合法的支配」の最も合理的かつ能率的な組織形態と考えられます。官僚制組織の構造は、ただ一人の最高意思決定者を頂点に、そこからピラミッド型の構造で人が働く仕組みになっています。組織は統制の限界（Span of Control）による制約を受けますが、階層構造を増やすことによって、大規模な組織を構築することが可能になります（図表9-1）。

図表9-1　官僚制組織の構造イメージ図

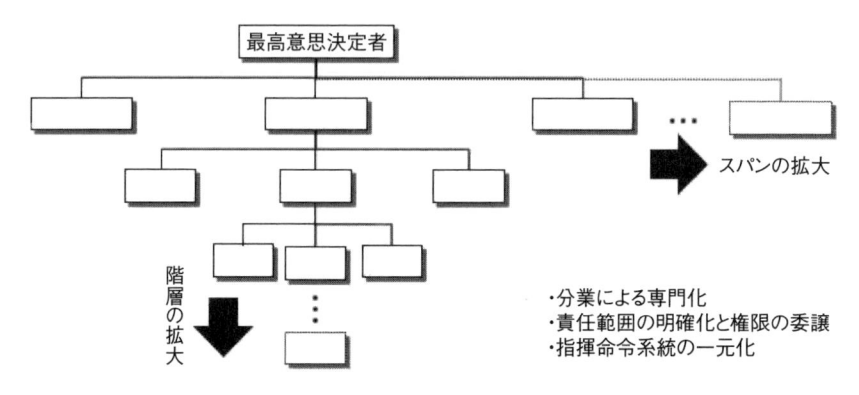

・分業による専門化
・責任範囲の明確化と権限の委譲
・指揮命令系統の一元化

Weberは近代官僚制のもつ合理的機能性ゆえに、官僚制は優れた機械のような技術的卓越性があることを主張しました。一般的な近代資本主義的企業は、次に示す特徴を持つ官僚制組織の仕組みを何らかの形で採用しています（図表9-2）。

図表9-2　官僚制組織の特徴

項　目	内　容
1. 専業性の原則	機能的専門化に基づく分業体制が採用され、専門的知識による支配が実現。規則を適用するための専門的知識と訓練が必要。
2. 明確な組織の階層性（ヒエラルキー）構造の原則	明確な職位の階層制（職務階層制）が構成される。
3. 明確な権限の原則	ヒエラルキー構造の中で上級者の権限が明確化され、職務と権限の明確な階層性に基づく指示命令系統が構築される。
4. 規則による規律の原則（職務担当者の権利と義務を規定する規則の体系化・公式化）	規則によって職位、職務権限・職務内容が明確に規定される。 ・規則の制定：目的合理的・価値合理的に、一定の手続きで規則が制定・変更される。 ・規則の遵守：規則は一般的規則として個別ケースに適用され、全ての意思決定と行為が規則に準拠する。
5. 運営の継続性	継続的な運営がなされる。
6. 労働条件ないし職務遂行処理するため手続きの体系	・官職占有排除の原則（世襲制の反対）。 ・契約制の原則：自由な選抜から雇用契約が結ばれる。 ・資格任用制の原則(世襲等ではなく試験などで採用資格者を決定)。 ・貨幣定額俸給制の原則。 ・規律ある昇任制の原則。 ・職務は職業であり終身的な雇用関係が前提とされる。
7. 人間関係の非人格化（非人格的秩序の成立）	支配者も服従者も非人格的な秩序に服従し、制定された規則の範囲内で命令と服従がなされ、属人性は排除される（非人格的に職義務に服従するが人格的に自由）。
8. 専門性・技能的能力に基づいた雇用（人選と昇進）	専門資格（試験・免状）によって任命される。
9. 文書主義の原則	予備的な討論から最終的な決定まで、すべての処分・指令は文書化される。
10. 経営資材の公私分離原則	公私が分離し、完全に合理的なケースでは職位の専有がない。
11. 官僚制の優位性	・正確性、迅速性、明確性、信頼性、能率性、慎重性、計算可能性。 ・継続性、恒常性、統一性、形式的普遍性、属人生の排除。 ・文書に対する精通、厳格な服従関係、摩擦の防止、未熟練の活用。

(3) 官僚制組織の限界－逆機能性

官僚制組織の基本的な特徴として、形式的で恒常的な規則に基づいて、一

定の要件を満たす責任者による上意下達の指揮命令系統に従って、職務が専門的に分業化された組織運営が行われることが挙げられます。それは、官僚制組織が合理的・能率的組織形態であるためには規則や規律を通じた支配が必要であり、組織目的を達成するためには規則に基づいた普遍主義を貫くことで組織をコントロールする必要があることを意味します。

このことは、組織の形式的合理性と現実の合理性の乖離が組織の硬直性とそれによる崩壊をもたらすというデメリットを併せ持つことを意味します。Robert King Merton が指摘した逆機能性（dis-function）の問題です。我々が一般に官僚主義と呼んでいる問題で、先例・規則・上司の指示がないからという理由で新しいことを回避する、形式的な書類の作成・保存が目的化してしまい仕事の本質が無視される、自分の業務・専門領域以外のことはやらず、自分たちの領域に他部署の関与排除するセクショナリズムのような現象のことを指します。我々が官僚制組織について持っているイメージは、実は逆機能性のことです（図表 9-3）。

図表 9-3　官僚制組織における逆機能性

項目	内容
1. 訓練された無能力	・規則遵守による非合理的な行動 ・規則万能・前例主義による保守的・画一的傾向 ・責任回避・自己保身（事なかれ主義）
2. 目的の移転	・法律万能主義による目的と手段の逆転→目的達成手段であるはずの規則の目的化 ・規則が規則を生む組織の自己目的化→規則遵守目的の冗長な規則体系（屋上屋を重ねる） ・権威主義→組織ミッションの追求より組織が持つ機能分担的権限行使の目的化・権威化
3. セクショナリズム	・所属部門の存続の目的化→全体の目的追求ではなく自組織の存続・拡大・利益追求 ・秘密主義 ・排他主義→専門外管轄外業務の忌避
4. 過度な文書主義による非効率	・文書の形式を整えることが目的化することによる非効率性 ・繁文縟礼→膨大な処理済文書保管を専門とする部署の存在
5. 人間性の疎外	・規則や手続きへの隷属による組織構成員の創意封殺 ・無力感から来る貢献意欲の低下

官僚制組織は、大規模な組織を効率的に運営するための優れたメカニズム

を提供するものなのですが、逆機能性というジレンマを抱え環境変化適合力を欠如するという大きな欠点があるため、官僚制組織は非効率にならざるを得ないという宿命を持ちます。

それでは、官僚制に代わる組織論はあるのかというと、Weber自身官僚制の機械的適応から生じる組織の画一的行動を問題視しながらも、官僚制組織に勝る合理的な組織形態は存在せず、大規模組織は官僚制を志向せざるを得ないと考えていました。官僚制組織の優位性と問題点を正しく認識し、環境変化適合力の欠如を回避する組織運営意識を持つことが重要です。

9.2 科学的管理法（F. Taylor）と管理過程論（H. Fayol）

(1) 科学的管理法誕生の背景

科学的管理法が誕生する以前の経営は、経営者の個人的な経験と勘に基づく、経験的管理・成り行き管理の色彩が強いものでした。産業革命による機械的生産方法の導入により多数の不熟練労働者が採用されるようになった結果、不熟練労働者の能率化のための新しい管理手法が必要とされるようになりました。また、この時期賃金制度の欠陥と管理方法の不備のため、労務者の自己防衛行為として労働者による組織的怠業が発生し、生産性が著しく低下しました。企業の経営規模が拡大・複雑化した結果、経営者の属人的で継続性のない従来の管理が通用しなくなったのです。

Taylorは、労働者と経営側が「ゼロサム」的な対立関係ではなく、両者の利害が一致する「ウイン・ウイン」の関係が構築されるべきであると考え、それを実現するのが「科学的管理法」です。

(2) 科学的管理法の基本的な考え方

科学的管理法は、管理についての客観的な基準を作ることで経営者側と労働者側の相互不信を解消し、労使協調体制を構築することによって、生産性を増強すると同時に労働者の賃金も上昇する労使の共存共栄できる状況を実現しました。その基本的な考え方は次のようなものです。

①**システムを第一とする**：最良の人間を作り上げるためにはシステムが必要であり、体系のある管理制度の下で最良の人間が確実かつ迅速に育成

②**人間労働の能率化**：最良の管理を行い生産性が向上すれば労務者の賃金の上昇と労働時間短縮という労働条件の改善が可能となる。高い賃金と安い労務費の両立（労働者と資本家の利害一致）。
③**職能組織（機能式管理組織）の導入**：管理機能と執行機能とを分離した職能組織の導入。
④**課業管理の導入**：労務者の仕事は管理者によって完全に計画化される（完成すべき仕事の過程と手段を記載した指図書）。

科学的管理法の原理を以下に整理します（図表9-4）。

図表9-4　科学的管理法の原理

原理	内容
1. 日々の高い課業	・あらゆる労務者ははっきりと定められた日々の課業を与えられなければならない。 ・課業は漠然とした不確定のものではなく完全にその内容が決められていなければならない。 ・課業は容易に達成されるようなものであってはならない。→設定される課業は一流の作業者によってのみ達成されるような困難なものである必要がある。
2. 標準的諸条件	・課業は完全な1日の仕事量でなければならない。 ・各作業者が課業を確実に成し遂げうるような標準的な条件と諸ツールが与えられていなければならない。→標準的諸条件の設定に基づいて唯一最良の作業実現に向けた熟練の移転が行われるようになる。
3. 成功に対する高い支払いと失敗した場合の損失	・課業が完成した場合にはそれに対して確実に高い賃金が支払わなければならない。 ・課業が達成されなかったら確実に損失を蒙らなければならない。→差別出来高給制度

(3) 課業の科学的設定

　課業を科学的に設定するために、作業の標準化と標準時間概念の導入が必要でした。標準時間の設定には、生産工程における標準的作業時間を設定し、これに基づいて1日の課業を決定するための時間研究が行われました。また、標準時間設定のためには、それを構成する基本動作が妥当であることが必要であるため、無駄・不要な動作を取り除くために、作業に使う工具や手順などの標準化のための動作研究が行われました（図表9-5）。

図表9-5　時間研究と動作研究

時間研究	動作研究
1. 課業を設定するのに要する基本時間を調査する。⇒要素時間研究 2. 作業に含まれている基本動作一つ一つに要する時間を測定する。 3. 作業に要する全体の時間を集計する。 4. 科学的な（＝再現性のある）標準時間として設定するためには余裕時間等に対する考慮が必要。 5. 分析された基本動作が妥当であることが必要。⇒無駄な動作不要な動作が含まれていないかといった動作研究が必要	1. 基本動作の分析によって不必要な動作を取り除く。 2. その作業に必要かつ有効な基本動作だけを抽出する。 3. このようにして抽出された標準動作の組み合わせにより唯一最良の作業方法が確立できる。 ・動作研究の方法論としてのメモ・モーションやマイクロ・モーション ・動作を全て18の循環要素として設定したGilbrethによるTherblig法

(4) 職能別組織（機能式管理組織）

　科学的管理法の成立過程において、作業管理のための最適な組織形態として「機能（職能）別管理組織」が成立しました。管理職の仕事の範囲を限定することによって管理が行き届くようにすることがその狙いでした。総支配人の権限の一部を下位の管理者に委譲することで、総支配人は日常的な細かな職務から解放され、「例外的事項」に専念できる組織としました（例外の原則）。1人の従業員は、4人の工場の係りの長（着手係、指導係、検査係、整備係）と、4人の計画室の係りの長（順序および段取り係、指図表係、時間および原価係、監督係）の合計8人の機能別職長（職能的職長）から指示を受けるというのが、その具体的な構造です（図表9-6）。

図表9-6　職能別組織

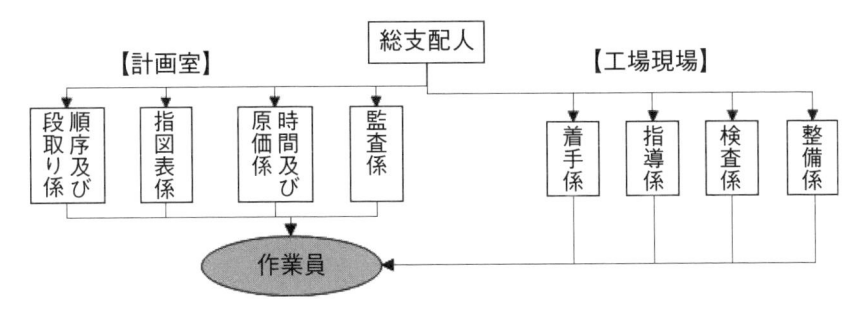

```
              【総支配人】
    【計画室】              【工場現場】
段  順  指  原  時  監      着  指  検  整
取  序  図  価  間  査      手  導  査  備
り  及  表  係  及  係      係  係  係  係
係  び  係     び
              原
              価
              係
              ↓
           【作業員】
```

　職能別組織は、命令一元性の原則からは外れる多元的な管理方法ですが、

多元的な管理法は今日の組織の一部においても引き継がれています。

　組織は命令一元性の原則で運用されるライン型の組織が一般的です。ライン型組織は、部門管理者の指揮命令の一貫性が確保され、組織運営が迅速かつ確実というメリットを持ちます。その一方で、管理者は全ての事項に関する管理機能を統括するので管理活動が専門化されない、複雑化した経営活動への対応力に欠けるといったデメリットがあります。

　それに対して、多元的管理原則が適用されるスタッフ組織があります。スタッフ組織は、仕事の水平的な機能分化による責任と権限の明確化、専門分化による管理者能力向上・熟練の短期化といったメリットを持ちます。デメリットとしては、専門的機能の合理的な分割が困難、管理者相互間の権限争いが発生し全体の調整が困難、専門的分化が進むと間接的な管理コストの増大を招く、等が挙げられます。

　今日は、命令一元化の原則を維持しつつ専門家の能力が活用可能な「ライン・スタッフ型」の組織が多いのが実態です（図表9-7）。

図表9-7　ライン・スタッフ組織

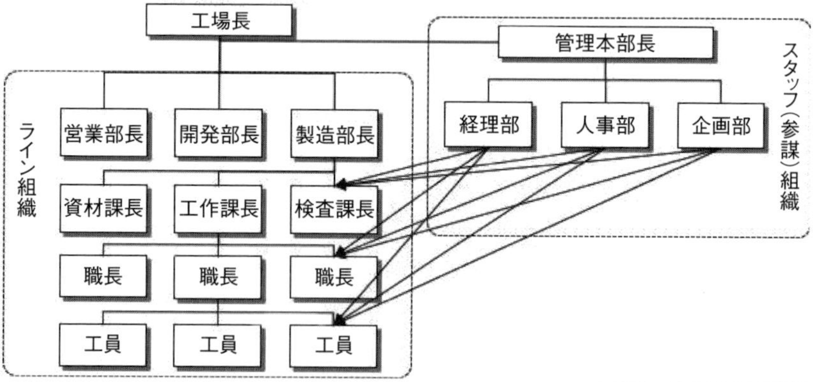

(5) 管理過程論

　Taylor が生産現場の作業管理を中心的に分析した理論には管理の概念が含まれてはいたものの、明確に捉えられてはいませんでした。それに対して Fayol は、企業組織全体を管理する理論の構築を試みました。

　Fayol の管理過程論では、経営（government）という目的的行為の側面

と管理（administration）とを分離しました。その結果、「管理」機能は上位機能としての「経営」の本質的5つの機能と並列される6番目の機能に位置付けられました。また、「組織」は、管理活動の下位職能、管理のためのツールないし手段に位置付けられました。ただし、今日的には経営機能と管理機能は階層の差異であって、その本質は同じと考えられています。むしろ、管理はあらゆる経営機能に横断的に備わっている活動として理解することが妥当であると考えます（図表9-8）。

図表 9-8　管理活動の位置づけ

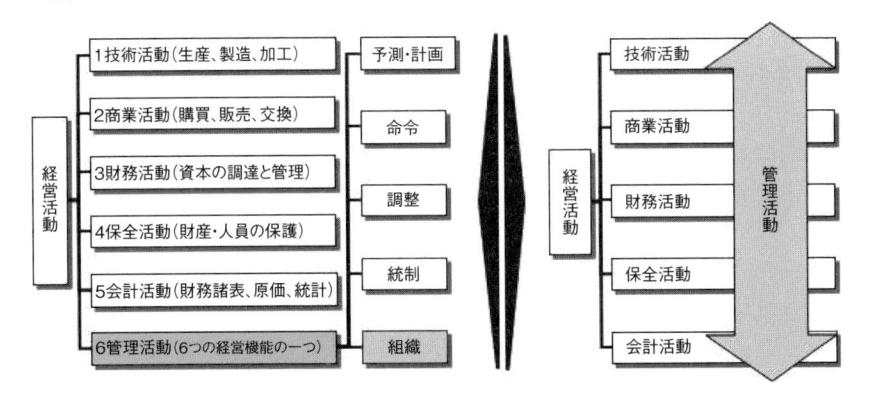

経営活動		管理活動
1 技術活動（生産、製造、加工）	予測・計画	技術活動
2 商業活動（購買、販売、交換）	命令	商業活動
3 財務活動（資本の調達と管理）	調整	財務活動
4 保全活動（財産・人員の保護）	統制	保全活動
5 会計活動（財務諸表、原価、統計）	組織	会計活動
6 管理活動（6つの経営機能の一つ）		

　経営活動の中の「管理とは、計画し、組織し、指揮し、調整し、統制するプロセスである」と定義しました。経営資源の効率的な運用のために、管理活動の具体的内容を14の要素に分解することにより、要素レベルでの具体的分析アプローチを可能にしました（図表9-9）。

　しかし、これらの原則は絶対的なものではなく、全て程度問題であり、事態や人間、その他の変化・変動要因が考慮されるべきであると考えられるようになりました。管理活動要素に対する批判には次のようなものがありました。

図表 9-9 　管理活動の要素

①分業
②責任と権限：命令する権限と、それに伴う責任
③規律
④命令の統一：特定の業務の担当者は、単一の管理者による指揮命令を受けるべき、とする原則
⑤指揮の統一：目的を持った組織は、1人の管理者・1つの計画の下に業務遂行すべき、とする原則
⑥個人的利益の一般的利益への従属
⑦従業員への報酬
⑧集権：環境に応じ、許される限り管理者に権限を集中すべき、とする原則
⑨階層
⑩秩序：適材適所の確保
⑪公正
⑫従業員の安定：技能の習得には時間がかかるため、頻繁な人事異動は控えるべき、とする原則
⑬創意：計画を立案し、実行すること。組織の全ての階層にその自由を与えることで、士気を高める
⑭従業員の団結

①経験論に過ぎず、管理の本質的な認識を欠いている（矛盾した経験則の寄せ集め）。
②管理の漠然とした有効化をもたらすが、要素を列挙しているだけで統一的な管理の原理を示すものではない。
③管理活動の対象を人間に限定している（物、金、空間・時間の欠如）。
④管理機能を他の機能と並列させたことで、他の活動に含まれるという点を不明にしてしまった。
⑤管理原則の適用されるべき条件（経営環境）の分析が不十分。
⑥管理行動を定型的な行動として捉えられ、目的達成のための変化に富む適応行動であることを軽視している（普遍的妥当性を重視し過ぎて、経営環境変化対応できなかった）。

第 10 章
人間を科学した組織論

　伝統的・古典的組織論は、組織の「職務・職能化」という技術的視点からの合理性を追求することにより、普遍的な原理を追求してきました。課業に適した人間を配置し管理者が命令を下せば組織は有効に機能し、賃金等の経済的誘因を適切に設定すれば生産の能率は向上すると考えられていました。しかし、組織を構成する人間に対する本質的な理解が欠如していたため、人間を機械のように扱う管理方法に対する批判が生じました。

　従来の「経済人仮説」に基づく組織理論とは異なり、「社会人仮説」に基づく人間の心理面を捉えた組織理論が展開されました（図表10-1）。

図表 10-1　人間観に関する仮説

仮説	仮説の概要
経済人仮説 Economic Man	・利潤極大化や費用最小化といった経済的評価尺度に基づいて利己的な目標達成行動利を取る。 ・すべての情報の完全性に基づき、最適化を追求して客観的合理的な意思決定を行う。 ・企業家であれば会社の最大利潤、労働者であれば最大賃金の獲得を目指す。 ・賃金等の経済的誘因と生産能率は単純相関があるとする考え方。
社会人仮説 Social Man	・組織の構成員の行動は、各人の個人的志向と人間関係によって規定される心的態度の関数であるとする考え方。 ・単に収入を求めるだけでなく、人間としての友情や安定、帰属感等、複数の目標の実現を目指す。 ・自己の利益だけではなく、利他的にも行動する。 ・経済人仮説の否定。

10.1　人間関係論とインフォーマル組織

　F. Roethlisberger、E. Mayo らの研究によって、経営組織に関する人間関

係に基づく理論が確立しました。人間関係論的な経営組織の考え方では、職能化原理等に基づいて設計されたフォーマルな組織以外にも、インフォーマルな組織が存在し、組織の生産性に大きな影響を与えていることがホーソン実験等を通じて判明しました。

(1) インフォーマル組織

　フォーマル組織は、技術的生産活動を効果的に達成するために方針や規則で各構成員の相互作用を明示的に統制するためのシステムで、経済的目的の達成度を費用や能率の論理で規定したものです。それに対して、インフォーマル組織は、個人の共通の感情（理念・価値・信条）によって自然発生的に結びついた組織で、仕事外の人間関係の相互接触作用による結合によって発生します。組織の生成においては、人間の非合理的な側面、人間的な満足、モラールが重要な要素となります（図表10-2）。

図表10-2　組織の類型とインフォーマル組織

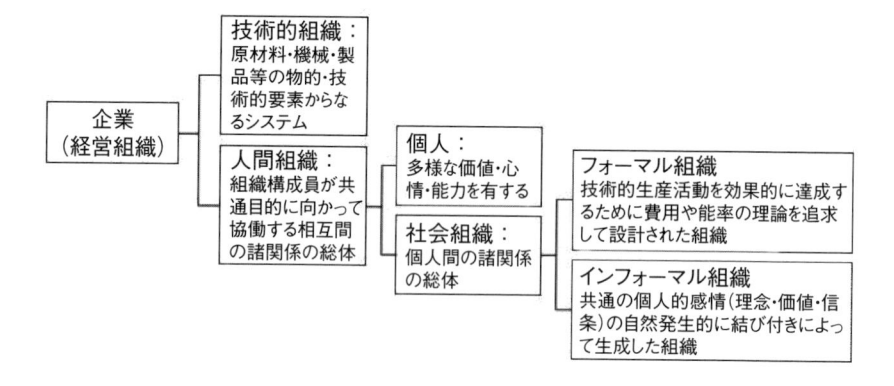

```
                  ┌─技術的組織：
                  │ 原材料・機械・製
                  │ 品等の物・技
  企業　　　　　　│ 術的要素からな
 (経営組織)──────┤ るシステム
                  │                ┌─個人：      ┌─フォーマル組織
                  │                │ 多様な価値・心│ 技術的生産活動を効果的に達成す
                  └─人間組織：　　 │ 情・能力を有する│ るために費用や能率の理論を追求
                    組織構成員が共──┤              │ して設計された組織
                    通目的に向かって│                
                    協働する相互間 │ ┌─社会組織： ┌─インフォーマル組織
                    の諸関係の総体 └─│ 個人間の諸関係│ 共通の個人的感情（理念・価値・信
                                     │ の総体      │ 条）の自然発生的に結び付きによっ
                                     └            └ て生成した組織
```

(2) ホーソン実験

　ウエスタン・エレクトリック社のHawthrone工場で、1924〜1932年にかけて行われた一連の実験が、能率に関する考え方を大きく覆すことになりました（図表10-3）。ホーソン工場における4つの実験を通じて、次の事実が明らかにされました。

　①作業能率には物理的作業条件以外に、従業員の感情・意欲といった主観

的要素が大きく影響している。
②主観的な態度にはインフォーマルな集団の規範が大きく影響している。
③この集団の規範は管理者の行動に依存する傾向が強く、それが組織目標を支持すると生産性は向上する。

図表10-3　ホーソン実験の概要

実験名	それぞれの実験の概要
照明実験 (1924-1927)	・目的：照明と作業能率の関係を調べる。 ・仮説：作業能率は適切な物理的条件（照明の明るさ）によって向上する。 ・結果：照明度と作業能率の間に何ら相関はなかった。→「視られている」という意識の影響の方が大。
リレー組み立て作業実験 (1927-1932)	・目的：労働条件の変化（賃金、休憩時間、軽食、等）が組み立て作業能率に与える影響を調べる。 ・仮説：作業能率は適切な報酬制度や休息等の条件によって向上する。 ・結果：実験が進むと作業条件とは無関係に作業能率は向上。職場の人間関係や監督者の態度が重要。
面接実験 (1928-1930)	・新たな仮説：生産性の向上はモラール・監督、そして職場の人間関係と深く関係している。 ・延べ21,126人に対する面接調査の結果、実際に変わっていないのに作業条件が改善されたと感じたり、事実と関係ない不平・不満があったりすることが判明。 ・感情の論理で動くので、生産性は社会的状況を十分考慮する必要があり、監督者はそれらにもっと関心を持つ必要がある。
バンク配線作業実験 (1931-1932)	・被験者の集団行動を観察した結果、会社が定めた公式組織とは別の非公式なグループの存在が確認され、非公式な組織の活動が生産性に重大な影響を及ぼすことが判明。 ・労働者は自分の労働量を自ら制限、品質は労働者の仕事の質だけでなく検査官との人間関係が影響、労働者の時間当たり成果の差違は能力的な差違によるものではないこと、等。

(3) 人間関係論の影響

　ホーソン実験により、企業内には外部目的達成のために経済的機能として能率の論理が作用し市場競争についての適応を維持するためのフォーマル組織のみならず、それとは異なる論理に基づいて活動している自然発生的に存在するインフォーマル組織が存在することが明らかにされました。
　インフォーマル組織では感情の論理が優先され、個人の相互作用による心情的な満足を与えるという内部目的の達成が重視されます。管理面において、

個人の欲求充足的な要素が求められ、「人間尊重」の理念が導入されました。管理者には、コストや能率の論理といった技術的な管理スキルのみならず、感情の論理を理解する社会的技能に立脚した管理スキルの両方を満たすことが求められるようになりました。

　管理に関する原理も多元化・学際化し、心理学、社会学、人類学的アプローチが採用され、リーダーシップ論、動機付け論等への発展につながりました。終身雇用制等、日本的経営の特質に対する理論的な裏づけを与えたのも人間関係論に基づく組織理論でした（図表10-4）。

図表10-4　人間関係論の特長

メリット項目	メリットの概要
1. 管理者の社会的技能	・従業員のモラールは監督者に大きく影響されるので、管理者は技術的なスキルのみならず人間関係を扱う社会的技能を持つ。
2. 決定への参加	・命令に対する部下の服従を強制する伝統的な権威主義は否定され、決定に参加することで人間関係が改善されモラールが高まる。
3. 事前協議	・職場の安定的な均衡がモラールの高揚にとって重要なので、それまでの人間関係の均衡を乱す新しい生産方式の導入や配置転換に対しては事前協議過程が持たれる。
4. 提案制度	・従業員提案が受け入れられる環境がモラールの高揚につながるので、提案制度やジュニア・ボードが導入される。
5. コミュニケーション施策	・作業目標や標準の設定・変更の際、その必要性について十分な説明やボトムアップ提案等双方向のコミュニケーションが行われることで協力的で高いモラールが確立する。
6. 面接・人事相談制度	・従業員の主観的な不平・不満は個人面接で開放的に発散させることにより解消されるので人事相談のための場や専門家が設置される。
7. 協調・モラール重視の人事管理制度	・人事考課要素として協調性と人間関係能力が考慮されるようになり、インフォーマル組織とフォーマル組織のリーダーの一致を見る。賃金較差も従業員モラールを考慮する。

　人間関係論は、管理に人間重視の考え方をもたらした功績が認められる一方で、それが過度に強調されると健全な企業活動を阻害する負の側面があることも認識しなければなりません。人間関係論のメリットを活かしつつ、その限界を理解してデメリットを回避する対応が求められます（図表10-5）。

図表 10-5　人間関係論偏重のデメリット

デメリット項目	デメリットの概要
1. 阻害要因としてのインフォーマル組織	・その後の実証実験で、インフォーマル組織は従業員の行動に対して規律的な影響を及ぼすとは限らず、組織の行動や生産性を阻害する従業員によって構成される傾向があることが判明。
2. 非合理主義志向	・非合理な人間関係中心の意思決定は合理的な意思決定を阻害し、一定の目的を合目的的に達成するフォーマル組織における合理的な意思決定こそが重要。
3. 過度な経済的動機の否定	・従業員の経済的動機を否定したモチベーション（社会人仮説）は非現実的で、人間モデルとしては不十分。
4.「満足－生産性」仮説の否定	・「従業員のモラールと満足度は相関し満足度の高い職場ほど生産性が高い」とする仮説は必ずしも正しくなく、職場の社会システムと仕事のシステムとは別物。
5.「依存的な人間」仮説の否定	・「人がインフォーマル組織の非合理な共有規準に従って行動し、集団の安定感や帰属意識が重要」という仮説は精神的未成熟さの現れで妥当性に欠ける。成熟した人間は自立性・積極性・独立性を持つ。
6. 企業の外部環境の無視	・企業組織の内部環境面である人間関係だけではなく、外部環境である労働の需給関係・地域社会の状態・経済変動等の要因も従業員のモチベーションに大きく影響する。
7. 経営者都合の論理	・従業員の経済的要求の過小評価は、経営者にとって低コストの都合よいモチベーション手段。

10.2　グループ・ダイナミクス

　行動科学的な組織論として、グループの機能と構成員の行動に影響を及ぼす心理学的な諸条件、集団が形成されたときに組織の構成員に働く集団力学を研究したグループ・ダイナミクスがあります。集団の動きを、凝集性（集団の魅力、とどまりたいと思う気持ちの強さ）・圧力・規範・意思決定等の視点から、どのような条件下において構成員が協力的に設定された目標に向かって努力するかを解明しました。

　Likert は、グループ・ダイナミクスとリーダーシップ研究の結果とを融合させ、体系的・実践的な参画型の管理モデルを提唱しました。参画型の組織システム像は、日本企業においては伝統的に実践されていた組織運営原理との類似点が多いのですが、米国では組織のあり方に対する抜本的体質改革

を求める革新的な手法でした。Likert は、小集団活動による参画型の管理のための基本原則を 3 つ示しました（図表 10-6）。

図表 10-6　Likert による管理の基本原則

第 1 原則：支持的関係の原則
・強い集団を形成するための原則。 ・管理者は部下に対して真の関心を示し、構成員が組織の中で支持されていることを実感させること。 ・構成員が集団において受け入れられ、価値が認められると、集団に強い魅力を感じ、集団の凝集性が高くなる。 ・集団内の各構成員が上司や仲間から支持され、人間としての重要性や価値が認められ、自己の能力が十分発揮されていると信じるような相互作用を作り上げることにより、凝集性の高い集団が作り上げられる。
第 2 原則：小集団単位での集団的意思決定の原則
・組織活動の中心を管理者対部下個人という 1 対 1 の関係ではなく、集団管理に置き、組織を小集団の集積と考える。 ・意思決定等に小集団のメンバーを参画させ集団的意思決定を行うことで、常に集団意識があり高い動機付けが行われる（日本企業で行われている自主的な小集団活動が企業の生産性に好影響を及ぼしているのが一つの事例）。 ・各集団の管理者は上位集団のメンバーにもなっており、「連結ピン」としてメンバーや集団同士の連携を図っていくため、各集団の目標や計画は有機的に結合されていく。
第 3 原則：高い業績目標の原則
・従来の人間関係論は、作業者に対して関心を示すべきであるという受け身的な主張であったが、安定した雇用・昇進の機会・昇給に対する欲求を満たすためには、組織としての目標水準を常に高めておく必要がある。 ・高い目標を掲げることによって人間の自己実現欲を満たせば、その結果として生産性が向上する。 ・リーダーは従業員が自発的に高い目標を設定するように促し、組織全体の目標を底上げしていく。

小集団単位での集団的意思決定が有効に行われるためには、メンバーが連結ピンとして、複数の小集団を有機的に結び付けていく関係を構築することが大きなポイントになります（図表 10-7）。

図表 10-7　Likertによる連結ピン機能

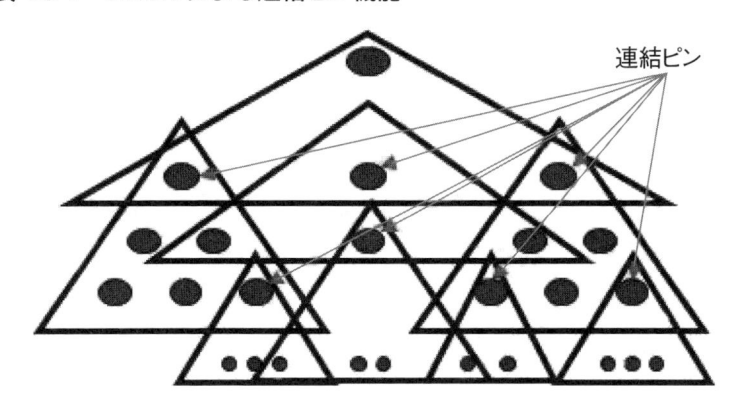

　Likertは、管理のスタイルは4つのシステムに分類することで、高業績チームの管理スタイルのあり方を発見しました。システムⅣの状態にあるチームが、高業績を挙げるための条件として認識されました（図表 10-8）。

図表 10-8　Likert による 4 つの管理システム

【システムⅠ】　権威主義的専制型システム
・管理者は部下を信頼せず、意思決定にはほとんど参加させない。意思決定や組織目標の決定はトップダウン型で行う。
・部下は懲罰や上からの圧力に基づいて働き、生理的・安定欲求レベルの充足がかろうじて得られている状態で、公式の組織目標に反抗する非公式組織が発生しやすい。

【システムⅡ】　温情的専制型システム
・意思決定やグループ目標の設定の基本はトップダウン型で行うが、ある程度の権限委譲が行われ、あらかじめ定めた一定の範囲内の意思決定は下位レベルでも行われる。
・動機付けには報償と懲罰を与えることが用いられ、非公式組織の発生はあるが、公式組織の目標に反抗するものではない。

【システムⅢ】　協調・相談型システム
・基本方針や全般的な決定はトップで行うが、部下に対する信頼は高まり、下位レベルの個別の問題に関する決定は責任の共有意識を持って下位に委譲される、トップダウン／ボトムアップの両方の流れが共存する状態。
・動機付けには報償と時により懲罰、そしてある程度の参画とが使われる。非公式組織の発生があり、公式組織の目標に協調することもあれば部分的に反抗することもある。

【システムⅣ】　民主主義的集団参画型システム
・管理者は部下を全面的に信頼・信用し、意思決定においては、報償制度の策定、目標設定、仕事の改善、目標達成課程の評価にも参画が許され、これによって動機付けられる。コミュニケーションは上下方向だけでなく同僚間でも行われ、意思決定は広く組織全体で行われるが、うまく統合されている。統制機能については、低位の職場単位まで完全に責任が行きわたる。
・公式組織と非公式組織が一致してしまうことも珍しくなく、すべての勢力が設定された組織目標の達成に向けられる。

10.3 動機付け理論

(1) Maslow の欲求 5 段階説

　人間関係と動機付けに関する欲求理論を探求した結果、Maslow は人間は「自己実現に向かって絶えず成長するもの」と仮定し、人間の欲求を 5 段階の階層で理論化しました。

　人間の欲求には階層があり、下位 2 つのレベルの欲求を「基本的欲求」、上位 3 つのレベルの欲求を「二次的欲求」と呼び、さらに二次的欲求の中でも上位に位置する 2 つの欲求レベルを「成長欲求」と呼びます。また、後に 5 段階の欲求のさらに上のレベルに、「自己超越」というレベルが存在すると考えられるようになりました。人は低次の欲求が満たされるようになってはじめてより高次の欲求の充足へ移行すると考えられます。「衣食足りて礼節を知る」ではありませんが、低次の欲求が充足されない状況下では、自己実現といった高次の欲求は起こらないものです（図表 10-9）。

図表 10-9　Maslow の欲求 5 段階

⑤自己実現の欲求：自己の潜在的能力を最大限に発揮したいという欲求
④尊厳(自我)への欲求：自尊心の満足や尊敬されたという欲求
③社会的欲求：社会で集団に所属し他人と友情・協働・人間関係を構築したいという要求
②安全の欲求：不安・危険などを回避し安全性を求めるという物理的・経済的な欲求
①生理的欲求：人間の存在・種の保存に対する欲求としての食欲・性欲等

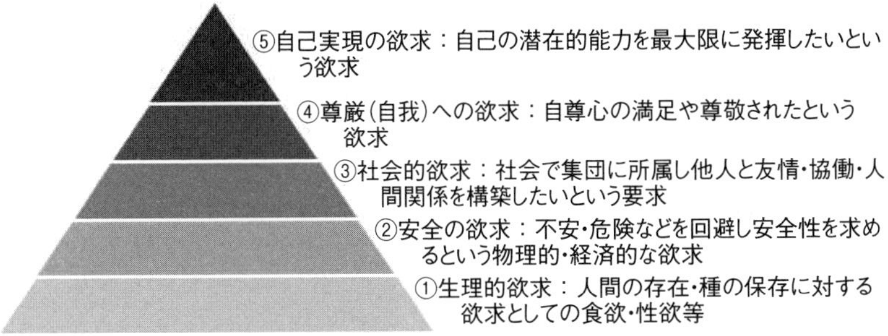

　Taylor の管理論は「基本的欲求」への働きかけであり、人間関係論は「社会的欲求」の充足に相当すると考えられます。自主管理作業集団や参加的リーダーシップの実践は「自己実現欲求」に支えられていると言えます。これら高次の成長欲求は、他から与えられるものではなく自己の内面から湧き起こるもので、自己実現の欲求が抑圧されると無力感によるモチベーションの低下が起こり、組織の生産性は低下します。ただし、現実には基本的欲求レベルが充足されれば次はより高次の社会的欲求の充足に意識が必ず向か

うかというと、残念ながらそれは必然ではないようです。高い志を持つためには、何かプラスアルファの要因が必要なようです。

(2) McGregor の X 理論・Y 理論

X 理論は、基本的な欲求が満たされない従業員を対象として管理のあり方を示したものであり、Y 理論はそれとは異なり高次元の欲求を持つ従業員に適した管理のあり方です（図表 10-10）。

図表 10-10　X 理論と Y 理論の特徴対比

X 理論	Y 理論
・Maslow による低次元の欲求を持つ人間観で、管理論が伝統的に持つ人間観。	・高次元の欲求を持つ人間観で、低次元の欲求が充足された状況における人間の動機付けとして有効。
・人間は本来仕事が嫌いであり、たいていの場合において強制・統制・命令を受けないと企業目標の達成に向けて十分に力や能力を発揮しない存在。	・仕事に心身を使うのは人間本来の姿であり、外から統制されたり脅かしたりされなくとも企業目標達成に努力する存在。献身的に目標達成に尽くすかどうかはそれを達成して得られる報酬次第である。
・多くの人間は命令されることの方を好む、責任を回避し、安全であることを求める。	・条件次第で人間は自ら進んで目標に向かって進み、その責任を取ろうとする。組織内の問題解決に向けて高度の想像力を駆使して創意工夫する能力を持つ。

本来的には、Y 理論に基づく経営の実現が望ましいのですが、企業はこのような能力を十分に引き出せていないのが現状です。現実には会社が置かれた社会環境が低次元の欲求を充足できなければ（具体的には途上国における貧困問題等）、Y 理論に基づく経営は実現できません。Y 理論を実現するためには、何らかの制度的安全確保の仕組みが必要とされます。

(3) W.Ouchi による Z 理論

McGregor の研究を継いだ Ouchi が A 型（アメリカ）企業と J 型（日本）企業の比較研究を行い、日本的経営の特徴として「終身雇用」、「コンセンサス重視（自主管理チーム等）」、「集団責任制」を挙げました。優良企業には、X 理論と Y 理論の両方の長所を融合した「Z 理論」が望ましいことを解明しました。

① **A型企業**：短期間の雇用、昇進の早い専門的キャリア、個人での意思決定や責任といった傾向が強い。
② **J型企業**：個性よりも集団主義と安定性を重んじ、権限委譲が進む一方で、規律もしっかりしている。

- 終身雇用
- 遅い昇進
- 非専門的な昇進コース
- 非明示的な管理機構
- 集団的意思決定と集団責任体制
- 人に対する全面的な関わり

Z理論は日本企業特有のものではなく、米国の大手企業にも該当する普遍性のある理論であることが実証されました。この理論のキーワードは、「信頼」、「行き届いた気配り」、「親密さ」でした。

第 11 章

近代の組織論

　近代組織論の代表として、Barnardによる協働システムとしての組織論とSimonによる意思決定論が挙げられます。伝統的な組織論は、人間的要素を無視した管理過程や機構（計画、組織、調整、統制等）を分析した技術論であり、人間関係論ではインフォーマル組織が中心的論点でありました。近代の組織論はフォーマル組織を対象に、人格を持つ個人意思を考慮したより現実的な人間観に立脚しており、古典的な抽象論から経験に基づく現実的な管理（者）行動の研究へと進化しました。

11.1　協働システムとしての組織（C. Barnard）

　Barnardはその著書『経営者の役割』（1938）で、現在にも通用する「公式組織」の理論を確立しました。それは、自由意思に基づく選択力や決定能力が備わっている自律的人格と、人間の自由意志・限定された合理性から発する「協働」の概念を前提としたものでした。組織を協働システムとして捉え、それが成立・存続するための条件と、管理者の職能とリーダーシップのあり方を規定する革新的な理論でした。
　Barnardは、組織と管理を不可分のものとして捉え、管理論と組織論を一体化しました。組織が存続するためには、変動する環境下において組織内外の均衡（誘引と貢献のバランス）を保つことが必要で、環境変化に適応して組織の均衡を維持する専門職能が経営者であると考えました。

(1) 協働システムとしての組織の考え方
　協働は、個人の持つ制約を超えて共通の目的を達成するために行われるもので、個人ではやれないことを協働ではやれる場合にのみ協働する意味を持

ちます。協働システムは、①物的（建物・設備）、②人的（従業員）、③社会的（他企業との関係等）要素から構成される複合システムで、3つの要素を統合する中核的な存在が「組織」です（図表11-1）。

図表11-1　協働システム

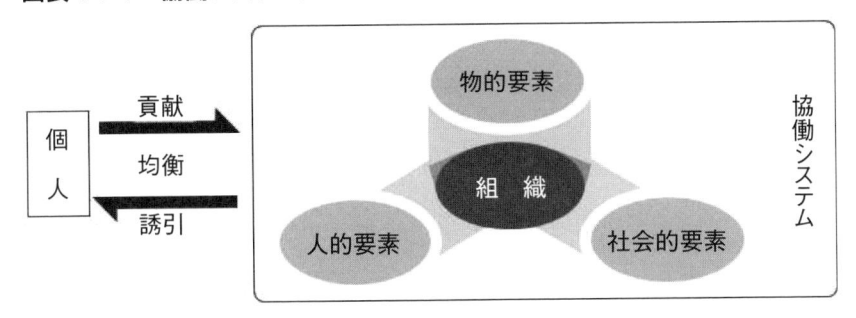

公式組織とは、複数の人間が集まってシステマチックに結びついた活動により、個人の限界を超えた目標を達成するための協働行為の体系です。自覚的・考慮深い・明確な目的を持つ複数の人間による、意識的に調整された活動のシステムであるとも言えます。複数の人間が集まっていても、協働のない状態は組織とは言いません。Barnardが考えた組織とは、定式化された組織目的の達成のために、組織構成員（メンバー）の貢献を引き出すに足る誘因を提供することによる協働システムです（図表11-2）。

図表11-2　協働システムの全体イメージ

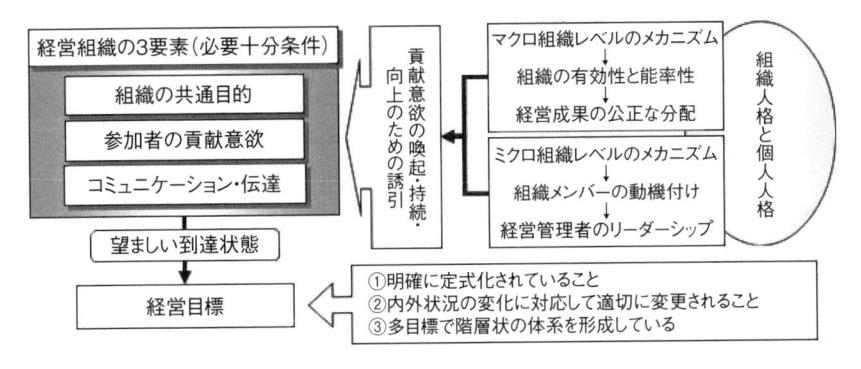

(2) 組織が成立するための3要素

組織が成立するためには、「共通目的」、「貢献意欲」、「伝達」という相互関連性のある3つの基本要素を、外部環境に適合するように調整する必要があります（図表11-3）。

図表11-3 組織の3要素

1. 共通（公式）目的
・組織のメンバーが協力して意識的に調整された活動をするためには、組織の共通目的が必要。 ・しかし、組織目的は個人目的と必ずしも一致するとは限らないため、メンバー個々の個人目的は何らかの形で組織目的に統合され（メンバーと組織との間の均衡関係の成立）、メンバーが合意する必要がある。 ・組織の共通目的が定式化され、さらに特定目的に細分化され（階層状の多目標体系）、構成員によって受け入れられることにより協働が起こる。 ・協働体系の基礎は、定式化された組織目的が貢献を提供するメンバーによって信じこまれていること。 ・管理者は、貢献しようとしているメンバーに組織目的を信念として植え付けることが重要。 ・組織を取り巻く環境と組織目的とが一致（組織と環境との間の均衡関係の成立）していないと組織は存続できないので、環境変化に合わせて目的を柔軟に変更し続ける必要がある。
2. 貢献意欲
・貢献意欲とは、メンバーが組織の共通目的を達成しようとする意欲のことで、それを引き出すためには組織は金銭的・物的・社会的・心理的誘因を十分に提供することが必要。 ・誘因が貢献を上回らなければ個人の貢献意欲は失われるので、組織目的を達成するためには「誘因≧貢献」（組織均衡）の状態を維持してメンバーの貢献意欲を持続させる必要がある。 ・組織均衡により、メンバーの協働による組織目的達成に向けた貢献を高められ、組織の維持・存続・成長が達成できる。 ・誘因には「客観的側面（物財や貨幣等）」と「主観的側面（心的状態、態度、動機の改変等）」の2つがあるが、組織特性の違いによって誘因のあり方は異なる。 ・誘引には、人を外部から組織内に引き込む段階に関するものと、内部にある人々の活動を促進する段階に関するもの（成果の適正配分）とがある。 ・貢献意欲の強さは人によって異なり、また大きく変化するので、管理者はそれをマネジメントすることが大事。
3. 伝達（コミュニケーション）
・共通目的の達成に必要な「具体的行為」に関する情報が伝達されることで、共通目的と貢献意欲とが統合される。 ・メンバーに、意思決定や命令に関する情報や、全体を統合・調整するための情報が適切に伝達されないと、メンバーの貢献が組織全体の目的達成に結びつかない。 ・管理者が伝達システムの中心に位置し、適切な伝達経路が確保されること（管理者の選択、職位の構成、人材配置等による伝達体系の設計）が重要。 ・組織の構造・広さ・範囲は伝達技術によって決定される部分が多く、競争力のある組織設計の中心的課題は、コミュニケーションの設計問題に還元される（目的や技術的状況の複雑性、伝達過程の困難さ、伝達の必要度、リーダーシップ等の制約によって決められる）。

(3) 組織の「有効性」と「能率性」

　組織が存続するためには、組織の「有効性」と「能率性」を同時に高める必要があります。有効性とは貢献による組織目的の達成度合いのことであり、能率性とは貢献に対する誘因の満足度合いのことです。組織の「有効性」が上昇すると「能率性」も向上することが期待され、「誘因≧貢献」の状態が確保され、組織の均衡が保持されます（図表11-4）。

図表11-4　組織の有効性と能率性

有効性	能率性
・組織目的の達成度合いのこと、協働行為の確認された目的を達成すること。	・貢献を提供する各個人が組織から得る成果配分に対する満足度合いのこと。
・目的の達成のために効果的な手段を選択し得る能力のこと（外部環境との均衡）。	・目的達成のために必要な努力を各人から獲得するに足る誘因を提供できる能力（内部環境との均衡）。
・メンバーに配分する誘因の原資をどれだけ獲得できるかということ（有効性が高まり業績がよくなれば、メンバー個々に配分される成果の原資が大きくなり、給料も上がる）。	・組織内での誘因の配分をいかにするかの問題（給料や賞与、昇進、やりがいのある仕事などを適切に配分することで、能率を高めることが重要となる）。

(4) 管理職能

　管理職能は、組織を維持・存続させる、現業とは異なる特殊な職能のことです。管理者の基本的職能は、組織のメンバーから組織目的を達成するための個人の努力・貢献意欲を最大限に引き出し、組織の有効性と能率性（組織の存続要件）を確保することにあります。

　Barnardは管理職能について、その基本的職能の内容、リーダーシップのあり方、権威が受容される条件等の面から考察しています（図表11-5）。

図表 11-5　管理職能の考え方

管理者の基本的職能
- 組織の目的を定式化すること：特定目的に分割して組織全体を定式化し、機能的専門化と責任権限の委譲を行うこと。
- 組織目的への個人の貢献を促進すること：外部から組織への人の誘引と、内部にある人々の活動の誘引（モラールの維持、監督、教育・訓練）
- 伝達するシステムを整備・提供すること：管理者の選択、職位の構成、人事の決定
- 調整を行うこと

リーダーシップ
- 体力、技能、技術、知覚、知識、記憶、想像力における個人的優位性。
- 決断力、不屈の精神、耐久力、および勇気における個人的優位性。
- 「創造職能」がリーダーシップの本質である。
- 実践的能力よりもリーダーの責任感が組織の協働には重要。
- 組織の存続はリーダーシップの良否に依存し、その基礎にあるのは道徳性の高さ。

管理職能の権威
- 組織の維持には組織内の円滑なコミュニケーションが必要であり、伝達には権威の有無が重要である。管理者は、伝達する情報を権威あるものとして受容するメンバーの協力的姿勢を引き出す必要がある。
- 権威とは、「公式組織における伝達（命令）の性格であり、組織の貢献者（構成員）が、自己の貢献する行為を支配するものとして伝達を受容すること（その人が「なすこと、あるいはなさざるべきこと」を支配し、あるいは決定するもの）。
- 権限が受容される条件と権限が受容されない状況
    - 命令が理解できること　⇔　コミュニケーションが理解不可能である場合
    - 組織の目的と命令が一致していること　⇔　命令が組織目的と矛盾すると信ずる場合
    - 個人の目的と両立すると信じられること　⇔　個人的な利害と矛盾する場合
    - 命令が精神的・肉体的に実行できること　⇔　精神的・肉体的に実行できないこと
    - 管理者の能力がその権限にふさわしいと信ずる場合　⇔　能力がその権限にふさわしくないと信ずる場合
- 権限受容説：管理者の権限は、命令が受容され、その意図に従って部下が行動して初めて成立する。

(5) 組織目的に基づく意思決定と個人目的に基づく意思決定

　組織には組織目的があり、組織を構成するメンバーにはそれぞれの個人目的があります。組織目的と個人目的は完全に一致しないことが多く、対立・矛盾は普遍的な必然であるとも言えます。

　個人は、自分の欲求や目的に照らして、誘因が貢献よりも大きくなると考えた場合に組織への参加を決め、このような個人的目的の実現を目指した意思決定を「個人的意思決定」と呼びます。個人は、組織へ参加することを決

めるとその後は組織のメンバーとして、組織目的達成のための意思決定をすることになります。このような意思決定を組織的意思決定と呼びます。個人的意思決定によって組織を構成するメンバーが集まり、メンバーたちによって組織目的のための意思決定が行われるようになります。

メンバーが組織的意思決定を行うようになるのは、組織目的の達成が個人目的をよりよく達成することにつながるとの判断があるからです。個人目的と組織目的の接点がなく乖離した状況では、協働システムは成立しません。個人的意思決定と組織的意思決定の相互作用が、組織活動につながっているのです。

このような意思決定という分析視点がBarnardによって組織研究に導入されたことが、その後のSimonの研究につながってさらに推し進められ、意思決定の仕組みについてのより精緻な議論が展開されることになりまし

11.2 意思決定論（H. Simon）

た。

全ての行動に先立って意思決定が行われるため、経営は意思決定であり、管理過程は決定の過程であるとSimonは考えました。意思決定は経営行動の中心的な課題であり、組織を「意思決定の複合体系・意思決定の分業化されたシステム」として捉えたことにより、普遍的な組織の構造と行動の在り方が追求されました。

(1) 人間の限定合理性

古典的な経済学や伝統的組織論では、「経済人仮説」の立場を取っており、「人間は最適基準で行動する合理性を持つ」という人間観が持たれていました。このような人間観の前提となっているのは、人間の意思決定に関する次のような前提です。

- 全ての可能な代替案が分かっている。
- 全ての代替案がもたらす結果も完全に予測できる。
- 全ての代替案の優劣を比較できる判断基準を持っている。

しかし、Simonは、人間は情報の面で全知的ではなく、部分的無知という認知能力の限界による制約条件があるため、少なくとも次の3つの点において客観的合理性を満たすことができないと考えました。
- ●知識の不完全性
- ●予測の困難性
- ●行動の可能性の範囲

Simonの理論は、「人間は部分的に無知で認知限界があるため、人間は合理的な意思決定を志向するがその合理性には限界があり、完全に合理的な意思決定はできない」という前提が存在しています。この前提を、「限定合理性（limited rationality）」と言い、限定合理性に基づく人間観を「経営人（administrative man）仮説」と言います。

(2) 限定合理性を前提とした意思決定

経済人仮説に基づく完全合理性モデルは、人間の部分的無知のため非現実的で、経営人仮説を前提にした意思決定を考える必要があります。人間は限定された合理性しか持ち得ないのであれば、限定された合理性しか持たない意思決定主体が行う意思決定も完全に合理的ではあり得ないと考えなければなりません（図表11-6）。

図表11-6　意思決定における限定合理性

情報収集能力の限界
・意思決定のために必要なすべての情報を収集することはできない。 ・取集可能な範囲の情報に基づく意思決定をする必要がある。
代替案作成能力の限界
・限られた情報を元に、全ての代替案を網羅的に作成することはできない。 ・代替案を限られた情報に基づいて作成するので内容面での完全性を追求することはできない。
代替案の結果想定に対する限界
・代替案の結果に影響を与える要因（因果関係）を完全に理解することができない。 ・策定した代替案がもたらす結果を正確に予測・計算することはできない。
代替案の選択（選考）基準に対する限界
・望ましい代替案を選択するための判断基準を全て知ることはできない。 ・代替案の評価結果の妥当性には限界がある。

限定合理性のため、あらゆる代替案のなかから最も有利な（＝客観的な合理性を持つ）案を選択する「最適化原理」に基づく意思決定はできません。意思決定は一定の目標水準を定め、その目標水準を達成できる代替案を発見した段階で代替案の探索を中止し、その代替案を選択する「満足化原理」に基づく意思決定方法を採用することで、意思決定に要するコストを削減する必要があります。

満足化原理に基づく意思決定では、ある目標が達成されると次の新しい目標が掲げられ、次の目標に向かって行動する逐次的な行動が取られるようになります（図表11-7）。

図表11-7　意思決定プロセス

①情報収集：情報を収集・分析し解決が必要となる問題を発見（誰の目にも明らかな「発生型問題」と、事象として表面に現れてこない「発掘型問題」とがある）。

↓

②代替案の探索：発見された問題解決のための代替案を探索する。情報収集能力の限界から、全ての代替案の探索はできず、多くの場合前例を参考に決められる。前例が無い場合、代替案を探索するためのルールから決める必要がある。

↓

③代替案の評価：探索された各代替案の結果を予想し、比較・評価する。人間の計算能力には限界があるため、完全な予想・評価は不可能。

↓

④代替案の選択：「評価基準」を設け、各代替案の結果を予想し、それを比較・評価して一定水準を満たす代替案を選択、もし不十分ならばさらなる探索活動を行う。人間の合理性には限界があるので、満足化原理に基づく意思決定が必要。

↓

⑤代替案の実施：選択した代替案を実行、所定の成果を確保。

↓

⑥フィードバック：実行の結果を評価・分析し、その情報を次の意思決定にフィードバック。

(3) 意思決定前提と意思決定区分

　意思決定は「諸前提から結論を引き出す過程」であり、前提のない意思決定は存在しません。意思決定には2つの決定前提があります。一つは「価値前提」と呼ばれるもので、もう一つは「事実前提」と呼ばれるものです（図表11-8）。

図表11-8　意思決定における2種類の前提

価値前提に基づく意思決定	事実前提に基づく意思決定
・経験的な検証が不可能な価値（倫理的な）命題に対応した、管理者（経営者）が行う意思決定。	・経験的な検証が可能な事実命題、観察し得る世界とその動きである事実的命題に対応した、部下が行う意思決定。
・組織の目的に関する問題であり、その「正しさ」は主観的な人間の価値の観点から意味を有する。	・組織目的を達成するための手段の問題であり、その「正しさ」は客観的・経験的真実を反映する。
・どのような目的を設定すべきか、何を目的とし何を望ましいと考えるか、といった問題に対する価値判断。	・所与の目的に対してどのような手段を選択するのか、置かれた環境や能力に関する事実認識に基づく判断がなされる。

　組織論における科学的分析対象となる意思決定問題には価値前提は含めず、経験的に検証可能な事実前提（事実関連の問題）に基づく意思決定のみを対象とし、所与の目的達成のための合理的な手段を選択する意思決定問題として捉えます。

　また、意思決定区分には、定型的意思決定、非定型的意思決定、半構造的意思決定の3種類があると考えられます。それぞれの区分によって意思決定の技術論は異なったものとなります。なお、Simonの意思決定区分と若干異なりますが、H. Igor Ansoffによる意思決定階層という考え方もあります（図表11-9）。

図表 11-9　意思決定の種類に関する考え方

Simonの意思決定区分	Ansoffの意思決定階層
非定型的意思決定： ・問題が新しい、複雑、不明確、あるいは問題の本質と構造が個別的に重要であるため、問題発生のたびごとに新たな代替案の探索が必要とされる。 ・あらかじめ一定の決定手続き・ロジック・方式をもたないタイプの意思決定。 ・新事業、新市場の開拓、新規参入等、戦略的でアドホックな非構造的意思決定。 ・伝統的技法としては直感・経験法則や能力と意欲のある者を教育・訓練して育てる「たたき上げ」がある。現代的技法としてコンピュータ・シミュレーション等による「ヒューリスティック・アプローチ」がある。	**戦略的意思決定：** ・トップ・マネジメントによる、集権的・非反復的な意思決定。 ・企業構造と環境適合に関して、利益を最大化するための、事業領域の選択（製品・サービスと市場の組み合わせと多角化）、資源配分等大きな方針に関する意思決定。
半構造的意思決定： ・実定型的意思決定と非定形的意思決定の中間の半構造的問題が存在する。 ・そのものズバリの解法はないが、人間とコンピュータが協力することにより解答が見出せるタイプの問題。 ・人間が前提条件・仮説を考え、それを基にコンピュータで解を計算する。	**管理的意思決定：** ・トップマネジメントが決定した「戦略」に対して、最大の効率を発揮するために経営資源を組織化するための、ミドル・マネジメント（部長・課長クラス）による意思決定。 ・組織構造の設計、流通システムの構築、資源（資金、人材、原料）の調達と開発等。 ・戦略と実際の業務活動との対立、個人目的と組織目的との対立が発生し易い。
定型的意思決定： ・日常反復的に発生する意思決定問題。 ・一定の問題解決の手続き・方式・ロジックが事前に決められていて、そのつど新しい代替案の探索を必要としないもの。 ・会計処理、定常的な受発注等、反復的・ルーティン的でモデルに依存でき、マニュアル化・プログラム化可能な意思決定。 ・伝統的技法として前例・慣習・標準化・責任権限規定等。現代的技法として OR・コンピュータによる DSS 等がある。	**業務的意思決定：** ・ロワー・マネジメントによる、分権化された反復的なルーチン業務の意思決定。 ・日常業務の効率的な遂行により潜在的投資利益率の向上を目指す。 ・生産日程計画、価格設定、マーケティング、研究開発等、実務に直結した意思決定。

(4) 分業による合理性の向上

　経営組織は、「分業化された意思決定システムにおける意思決定主体による情報伝達体系」として捉えることができ、組織による意思決定の分業化・専門化により、人間の合理性が拡大することが期待できます。

　また、大きく複雑な問題は一挙に解決することはできなくても、問題を小さく分解することで解決を容易にすることができます。組織目的も同様に、いくつかの中間的なより小さな目的に分解・階層化し、意思決定の範囲を絞り込むことにより、人間の合理性の限界が緩和され目標達成を促進することができます。

　組織は意思決定の複合体系であり、階層化された目的に対して、階層的な組織構造で対応するための組織が編成され、各層の意思決定が相互に影響を及ぼし合うことで、組織全体の整合的な行動が生まれます。

11.3　企業の行動理論（Cyert/March）

　企業には株主・労働者・債権者・流通業者・供給者・顧客等の様々な利害があります。これらの異なる利害をもつ参加者間に発生するコンフリクトをいかにして解決するのか、その意思決定プロセスを記述することによって企業行動を理解しようとする研究が「企業の行動理論」です。

　企業の行動理論は、組織における目標の開発（組織目標の理論）、期待の形成（組織期待の理論）、そして選択の遂行におよぼす組織の構造と影響（組織選択の理論）に焦点を当てた3つの理論によって構成されます（図表11-10）。

図表 11-10　企業の行動理論を構成する 3 つの理論

組織目標の理論

1. 組織目標は多元的である
   - 組織に参加する各個人はそれぞれ独自の選好体系を持つ。
   - 組織目標は各構成員が組織に対してコミットした独立的な要求水準の集合。
2. 組織目標は時間が経過し構成員等の諸条件とともに変化する
   - 組織目標の形成は構成員間の目標対立を内在する。
   - 組織目標は（対立を内在するので）暫定的な解決でしかあり得ない。
3. 暫定的な解決による柔軟な対応が可能
   - 局所的合理性：組織の下位単位問題を分割しそれぞれに限られた目標を追求させることによりコンフリクトを解消。
   - 欲求水準に基づき組織構成員の意思決定が行われる：代替的行動は最適解ではなく受容可能水準を満たしていれば選択される。
   - 目標への逐次的注目：諸目標は内部一貫性がなく目標間の対立が存在しても組織は異なる時点で逐次的に解決する。

組織期待の理論

1. 意思決定に必要な情報（＝予測）の収集と伝達過程に関する理論
   - 組織が意思決定するにはさまざまな情報が必要とされる。
   - 意思決定に必要な情報収集は意思決定者だけではなく組織の各階層における多数の構成員の情報網を通じて収集されるのでその伝達過程において修正（ノイズ）が加えられたり欠落が発生する。
   - 意思決定のために必要な将来の予測に関する情報には不確実性が入り込むことが避けられない。
2. 環境の不確実性を回避するために組織期待の問題が考察された
   - 長期の未来予測よりも短期的な環境変化に関するフィードバック情報の積み重ねを重視する（feedback react decision）。
   - 環境を完全に外生的なものではなくある程度制御可能なものとして扱う。
   - 情報の探索と収集は欲求水準や達成水準に応じてその範囲や精度が決定される　⇒　最初は粗く行われ次第に精緻化される（problematic search）。
   - 組織内の情報伝達はかなりのバイアスを発生させる危険性があるが逆にそのような偏りを修正する力も働くことにより混乱が避けられる。

組織選択の理論

1. 多数の成員を持つ組織においては決定ルールや処理規定等の規則が制定されなくてはならない
   - 個人の意思決定であればルール化・客観化は不要。
   - 多数の構成員を持つ組織的意思決定において混乱を避けるためには規則の制定が不可欠となる。
2. 組織は制度化されたルールを持った上で状況の変化に対応して適応的に行動できなくてはならない
3. ルールは短期的には一定であるが長期的には状況に応じて変化する
   - 目標ルールの適応：目標水準設定のルールは時間的変化・状況変化に対して調整される。
     → 前期の組織目標・組織実績・競合企業実績等を変数として調整される。
   - 注目ルールの適応：どのような環境変化に注目するのか（しないのか）に関するルールが調整される。→ 自社と比較すべき競合他社。
   - 探索ルールの適応：情報探索のあり方に関するルールは経験の蓄積（何が有効で何が有効でないかという）によってより適合的なものへと進化する。

第12章
現代の組織論

　これまで見てきたように、古典的管理論と人間関係論やBarnardの組織論には長短があり、相容れない要素もあるので、全ての同時適用は非現実的です。しかし、近代までの組織論はいずれも「最適な組織構造」を追求するという問題意識が根底にあることでは一致していました。

　その後の研究により、「最適な組織は状況次第で変わり、環境が異なると有効な組織構造もケース・バイ・ケース異なる」という命題に基づくコンティンジェンシー理論へと進化しました。組織の環境と構造との適合関係（contingency）によって組織成果は向上すると考えられるようになりました（図表12-1）。

図表12-1　コンティンジェンシー理論の成立

◆コンティンジェンシー理論以前の組織論
- 「最適な組織構造」を追求するという問題意識。
- 古典的管理論と人間関係論やBarnardの組織論は相容れない要素があり、それらの同時適用は困難。
- それぞれの理論には長短があり、どの組織理論を採用するべきなのかという疑問が生じる。
- 不安定な環境下において官僚制は有効であるとは限らない（官僚制組織の逆機能性の問題を継承）。

◆「ベストな組織は状況次第で異なる」という1960年代のBurns/StalkerやLawrence/Lorshらによる実証研究
- 環境が異なると有効な組織構造はケース・バイ・ケースで変わる」という、非常に単純明快な命題。
- 研究における中心概念は「分化(differentiation)」と「統合(integration)」。
- タスク環境の不確実性度合いで、有効な「分化」の程度や、「統合」のための機構や組織過程は異なる。
- 不確実性の程度が高い環境下にある効率的な企業は、組織の分化の程度が高く、それに応じてより複雑な統合機構と高度なコンフリクト解決様式を採用している。
- 不確実性の程度が低い環境下にある企業は、分化の程度も低く単純な官僚制的統合機構を持つ。

◆コンティンジェンシー理論
- 唯一最善の組織構造は存在せず、組織の環境と構造との適合関係(conthingency)によって組織の成果が向上する。
- 「コンティンジェンシー」とは「条件付けられた」という意味で、コンティンジェンシー理論では、組織構造の有効性(最適な組織構造)は、企業が直面している環境によって「条件付けられる」と考える。
- 有効な組織の設計方法は、組織を取り巻く環境によって決定される。

12.1　コンティンジェンシー理論

(1) T.Burns/G.M.Stalker による機械的システムと有機的システム

　Burns/Stalker らは、イギリスのエレクトロニクス産業への参入を試みた20の事業組織の事例を研究し、市場や技術という外部要因の変化に対して有効な組織化の方法を分析しました。その結果として、変化の激しい環境に置かれている企業と、あまり変化がない環境にいる企業とでは、最適な組織は異なることが判明しました。

　技術革新の速く環境が非常に不安定な場合には「有機的組織」が、技術革新が比較的緩やかで環境が安定している場合には「官僚制組織のような機械的組織」が適していることが実証されました。官僚制組織の完全否定ではなく、ある組織構造が有効かどうかはケース・バイ・ケース、環境によって「条件付けられる」と考える必要があります（図表12-2）。

図表12-2　機械的組織と有機的組織の比較

	機械的組織	有機的組織
環境特性	比較的安定・定常的な環境下（市場・生産技術）において、大バッチ・大量生産による能率追求に適している。	急激な環境変化に対応するための単品・小バッチ生産で、イノベーションの追求に適している。
責任権限	高度の職務細分化、責任・権限の明確化（⇒職能的専門化）が志向される。	職務・責任・権限関係の弾力性（⇒知識・経験の専門化）が志向される。
組織構造	垂直的・階層的支配関係（官僚制組織）；職務権限が明確かつ公式的で、上層部に情報が集中し、上からの命令・指示といった垂直的なピラミッド型の伝達構造を持つ。	分権的・水平的相互作用（非官僚的なネットワーク型組織構造）；職務権限が柔軟かつ非公式的で、情報は組織内のあらゆる場所に均等に分布し、水平的なネットワーク型の伝達構造を持つ

　現実の組織は、「機械的管理システム」と「有機的管理システム」という2つの両極にある理想系組織の中間に位置します。

(2) P.R.Lawrence/J.W.Lorsch による組織の条件理論／環境適応理論

　一般に、システムとしての組織が巨大化すると、組織は部分に分化されますが、分化が進んでも組織がシステムとして機能するためには、これらの部

分としての組織を統合する作用が存在しなければなりません。

Lawrence/Lorsch は、組織にとって重要な要素である分化と統合が、組織がおかれている環境の違いによってどのように達成されるのかを研究することによって、組織の分化と統合という2つの概念と環境との関係に関する理論を確立しました。

その基本仮説は、「タスク環境の不確実性が組織構造と組織過程の有効性を条件づける」というもので、タスク環境の不確実性の程度が違えば、有効な組織特性も相違すると考えました。「環境条件に適合する組織設計が必要である」というのが結論で、不確実性の高い環境下の高業績企業は高度な分化と統合を同時に達成しているのですが、不確実性の低い環境下では分化の程度は低く階層によって統合されています（図表12-3）。

図表12-3　高業績組織と不確実性

	不確実性の高い環境下の高業績組織	不確実性の低い環境下の高業績組織
分化と統合の度合い	高度な分化と統合化を同時に達成	分化の程度は低く、階層によって統合されている
重視する価値	イノベーションの実現	業務活動の規則正しさや一貫性の維持
組織形態	チーム形式で組織メンバー間の相互作用が行われている	ピラミッド型の階層組織による分業体制
計画・手続きの状況	手続きや計画の他に組織部門間の活動や意思決定を統合する役割を果たす人員の比率が高い	計画・手続きが中心で統合機能を果たす人員はない
統合パターン	分権化されており、統合部門が高い影響力を持っている（職能部門間の分化の程度が高く、これらの部門間の活動や意思決定を調整し統合する機能を生み出している）	上下関係中心で集権化されている

(3) コンティンジェンシー理論の問題点と情報処理パラダイム

「有効な組織化の方法はその環境特性に依存する」、「唯一最善のマネジメント・システムは存在しない」というのがコンティンジェンシー理論の基本認識です。これは、環境や技術の不確実性と組織の適合関係についての結果を説明するのですが、適合関係実現のプロセスについて説明するものではありません（変動過程志向的ではなく結果志向的）。そのため、現実の組織管理

において重要な「変動過程をいかに制御するか」という問題を解決できません。

　組織管理における変動過程の制御に関する研究には、組織の有効性を環境の不確実性対処能力という視点から捉えた J. D. Thompson、技術と組織構造との関係を組織の問題解決活動という視点から説明した C. Perrow、職務の不確実性と意思決定のための情報量の関係を情報処理パラダイムとして捉えた J. R. Galbraith らの研究が知られています。

　コンティンジェンシー理論では不確実性が大きな要素として取り上げられますが、不確実性は「職務を完遂（目標を達成）するために必要な情報量と、組織が既に持っている情報量とのギャップ」と定義できます。不確実性が大きいほど、意思決定者と決定を実行する部門間で交換される情報の量が増えるので、不確実性が増大すると組織に課せられる情報処理負荷は高くなり、組織は不確実性を減少させようとします。

　Galbraith による「情報処理パラダイム」では、組織の本質は情報処理システムであると考え、組織構造を情報処理構造（情報の収集・伝達・意思決定）として捉えることで、組織の置かれている環境に適合した情報処理の仕組みが構築可能であると考えます。組織とは、情報収集・伝達・意思決定を通じて不確実性に対処していく情報処理システムであり、組織における情報処理の効率や有効性を高めることで不確実性への対処能力が高まります。

　情報処理パラダイムの基本的な考え方は、「組織が環境の多様性・不確実性（情報処理負荷）にうまく対応するには、環境の多様性に匹敵するだけの組織の多様性（情報処理能力）を内部に構築しなければならない」というものです。

　組織は不確実性に対応するために、適正な情報処理能力を持つことが要求されます。情報処理能力を適正化するためには、処理すべき情報量自体をコントロールする方法と、情報処理能力を増強する方法との2つがあります（図表 12-4）。

図表 12-4 不確実性のレベルと対応策

職務の不確実性のレベルが比較的低い場合における対応

◆職務の不確実性のレベルが低い場合には、組織は、①ルール、②階層構造、③目標設定、という3つの方法で不確実性に対処する。

1. 手続きに関するルール・規則の策定：相互に依存する職務間の調整の最も簡単な方法は、各職務細分の実行段階に先立って必要とされる行動様式を、恒常的な問題に対してはルールまたはプログラムを確立しておく方法。
2. 階層構造による意思決定権限を持つリーダーの設置：職務の細分化方法を見直し、問題解決活動を円滑に進めるための階層構造を導入し、新しく発生してくる例外的事項に関しては、階層構造の上部で統合的な対処・解決を行う。
3. 目標設定：組織の下部構造に対して、大幅に権限委譲を進めるために、職務の関連性を考慮した上で、目標・ターゲットを設定するプロセスを導入し、相互に依存する諸グループの活動を統合し自律的な活動を促す。

職務の不確実性のレベルが高まった場合における対応 → 情報処理量を減らす方策

1. 調整的付加資源の投入（業績の達成水準を引き下げる）ことで処理すべき情報量を減らしていく方策：業績の達成水準を引き下げ、発生してくる例外事項の数を減らすことにより調整的付加資源（スラック・リソース）をつくり出すことが可能となり、情報処理のオーバーロードを防ぐことが可能となる。
2. 自己完結的職務を形成することで処理すべき情報量を減らしていく方策：
   - 組織編成を職能別から事業別・製品別等に変えることで、自己完結的な部門を形成する。
   - 自己完結的な部門を形成するとそれぞれの部門ごとでの調整が可能となり、組織全体として情報処理の必要性が減少する。
   - 自己完結的な組織への移行によって処理すべき情報量を減らす方法には、アウトプットの多様性を減らす方法と、職務の細分化をある程度抑える方法とがある。

職務の不確実性のレベルが高まった場合における対応 → 情報処理能力を増やしていく方策

1. 縦系列の情報処理システムの改善：組織階層における垂直的情報処理チャネルの強化
   - 意思決定者の意思決定能力の向上：人間とコンピュータや機械を組み合わせた情報処理システムの導入、意思決定者にアシスタントを付ける等。
   - プランニングの段階で処理する情報量は増加するが、職務の実行段階で組織に情報のオーバーロードを生み出す例外事項の数は減らすことができる。
2. 横断的協力関係の形成：組織の内部における環境の多様性に匹敵する組織の多様性の確保
   - 旧来の権限別に設定されたラインの区分を越えた横断的な意思決定プロセスの構築：意思決定を組織の上部に委ねることをせずに、情報が存在する現場での意思決定を可能とする：問題を共有する管理者が直接連絡し合う→部門間連絡の必要性が強い2部門間に連絡調整役を置く→いくつかの部門にまたがる問題を解決するために一時的にタスク・フォースを設置する→常時接触が必要な部門間に恒常的な形の調整グループ・チームを設置する→統合的職位を作る→統合的職位を統合的管理職位に高める→二元的な権限関係のマトリックス型組織を導入する

(4) ポスト・コンティンジェンシー理論

コンティンジェンシー理論では、組織設計は組織を取り巻く環境によって決定され、情報処理パラダイムの視点からは組織の置かれている環境に適合した情報処理の仕組みが構築されると考えます。組織設計は環境に対し受動的であり、組織が環境に影響を及ぼすこと、すなわち個人や組織が環境に対して能動的に働きかけるとは考えられていませんでした。

しかし、組織の環境適応は環境の生み出す情報・意思決定負荷に合わせて受動的に情報処理構造を調節するだけではなく、環境に対して主体的に働きかけることによって、環境適応力を高めることができます。組織戦略、組織文化や組織進化を研究テーマとしたポスト・コンティンジェンシー理論が台頭し、「環境などに対して能動的に働きかける組織や個人」を想定した組織の非均衡モデルの理論構築が進展を見せました。

企業は戦略の策定や遂行を通じて環境に主体的に対応すべきであり、組織は戦略に従うとしたA.D.Chandlerや、既に存在する情報を処理するのではなく未だ存在しないものを創り出していく「創造」を重視する野中郁次郎氏を筆頭とする知識創造に関する理論等が知られています。

12.2 組織文化論

E. H. Scheinらによって確立した組織文化論の考え方では、それぞれの組織には固有の文化があり、個人や集団の行動、認識方法、思考パターン、価値観を決定する強力で潜在的な力になります。組織文化は「組織構成員間で共有化された考え方に基づく組織全体の行動原理や思考様式」のことで、共有された価値観(経営理念やビジョンなど)やパラダイム(認知の枠組み)および行動規範から構成されます。

組織文化は組織の歴史の中で生成・変化していくもので、一般論として最適・最強な組織文化があるわけではなく、ある企業に適した文化が他社でも機能するとは限りません。しかし、組織文化が組織のメンバーに浸透することにより、ある価値観や思考の枠組みの中で組織構成員の行動をコントロールすることができるようになるため、組織文化のマネジメントは重要な課題となります。

組織文化は次のように定義されます：
①ある特定のグループが外部への適応や内部統合の問題に対処する際に学習した、グループ自身によって、創られ、発見され、または、発展させられた基本的仮定のパターン。
②よく機能して有効と認められ、新しいメンバーに問題に関しての知覚、思考、感覚の正しい方法を教え込むもの。
③組織の独自性の源泉であり、組織メンバーが共有している価値、規範、信念の体系を示しているもの。

組織文化を理解する上での視点、その機能、生成要因を以下に整理します（図表12-5）。

図表12-5　組織文化の特徴の整理

視点	機能	生成要因
・イノベーション志向、伝統志向 ・分析志向、統合志向 ・成果志向、プロセス志向 ・人間志向、機能・制度志向 ・革新志向、安定志向 ・リスク志向、安全志向 ・技術志向、顧客・市場志向 ・個人志向、集団志向	・外部環境に適応する ・内部の統制を図る ・組織メンバーの不安を取り除く ・強い心理的エネルギーを引出す ・公式的な情報伝達およびコントロールの負荷を低減する ・組織の弾力的な行動を可能にする ・組織の外部の人に対して一定の企業イメージや信頼を形成する	・革新：社会集団内のメンバーによる新しい反応 ・伝播：他の社会集団から模倣により新しい様式を採用 ・内的伝播：新しい様式の社会集団内での広がり ・統合：新しい様式が文化の脈絡に適応すること ・選択的排除：ある社会集団内にあった既存の文化様式が消滅すること ・社会化：ある集団内における次の世代に文化様式が伝えられること

従来組織文化のような漠としたものの研究は軽視されていましたが、T. J. Petersらによる6つの財務指標等によって選ばれた43社のエクセレント・カンパニーを調査した結果、共通の特徴が発見されました。

文化というソフトに基づくマネジメントが行われている企業が、財務面でも非常にエクセレントであるという結果が得られたのです。エクセレントな企業は、明確な組織文化を構築し、価値観の共有化を図るマネジメントを実践していることが明らかになりました。

①行動の重視
②顧客に密着する
③自主性と企業家精神
④「ひと」を通じての生産性の向上
⑤価値観に基づく実践
⑥基軸から離れない多角化
⑦単純な組織・小さな本社
⑧厳しさと緩やかさの両面を同時に持つ

　文化が極めて強い拘束力を持つ企業では、高いレベルの自主性が生まれ、そのような企業では、本当に重要な少数の変数を調節することにより適切な経営を実践することができるようになります。組織文化を共有すること、組織が共有できる価値観を持つことの強みは、不確実な環境変化に対して個々の構成メンバーの創意工夫によって、組織目標の達成に向けた活動が展開されるようになることにあります。また、そのような組織においては、新たな価値創造が促進される傾向も高いと言えます。

12.3　組織進化論

　1970年代後半から80年代にかけて、技術革新・企業間競争・消費嗜好の変化等、企業を取り巻く環境変化が非常に激しくなり、企業が存続していくためには、安定成長期のように環境に対して受動的に対応するだけではなく、より主体性を持って積極的に働きかける経営が求められるようになったのが、組織進化論成立の背景です。
「組織進化論（組織の自己組織化、組織の自己革新）」と呼ばれる理論は、生物学における進化論の考え方を援用し、「環境変化が激しく多様性に富む状況の下で、企業が存続するために組織は絶えず進化しなければならない」と考えます。但し、組織の進化は、生物における「変異→淘汰→保持」という進化プロセスとは異なり、情報創造視点が中心で「組織内で変異が発生→組織全体が揺り動かされる→組織が変革（進化）する」というプロセスをたどります。

組織には通常多様性・不確実性を削減して均衡を求める力が働きます。しかし、それだけでは組織の有効性が低下するので、進化により既存の思考や行動様式を創造的に破壊し、新たな思考や行動様式を構築することで組織の多様性を増幅することが求められます。

　自己組織性という、無秩序の状態から組織化が行われる過程が、複雑系と呼ばれる学問領域で研究されていますが、組織の自己革新を考える上での代表的な理論体系の一つが自己組織性の理論です。自己組織性とは、自らの手で自らの構造をつくり変えていく性質を総称する概念のことです。自己組織化とは、環境という外部要因によって組織が受動的に変化するのではなく、組織内部の（組織そのものが持つ）要因によって組織が能動的・主体的に変化していくことです。自己組織化理論の発見によって、世界は決定論的に規定されるのでもなく、また自由意志によって自由に変更できるものでもないという、両義性（不確定性）を有していることが明らかになりました。

　企業の自己革新も、自己組織化のプロセスに沿って考えることができます（図表12-6）。

図表12-6　自己組織化プロセス

自己組織化のプロセス	企業の自己革新プロセス
自己組織化は、「ゆらぎ」がきっかけとなって自己が自己を変えていくプロセス。 1. 不安定状態にあるシステムの中である要素がゆらぐ。 2. それが近くの要素にも次々とはたらきかけることで、ゆらぎが増幅される。 3. ゆらぎによってある大きさの秩序が形成されると、今度はその秩序パターンが各要素へポジティブ・フィードバックされる。 4. 秩序が及ぶ範囲が拡大し新たな秩序が形成される。 5. 秩序が固定化すると、再び同様プロセスがはじまって、新たな秩序形成のプロセスが始まる。	1. ゆらぎを発生させるために、組織の中にカオスの状態が作り出される。 2. ゆらぎは、トップマネジメントのゆさぶりによって、増幅する。 3. 増幅したゆらぎに対して、組織内で同調する現象が喚起される。 　・ゆらぎへの同調は、自律性を持つ自己超越的ビジョンを持つ集団により可能となる。 　・多くの部門出身者を巻き込むことで、フィードバックを促進することが可能。 4. ゆらぎへの同調行動や動的協力現象を強化することにより、新しい秩序が組織全体に広まり、企業全体で革新を実現することにつながる。

第13章

組織戦略と組織開発

　いろいろな組織の理論に関して、その発展経緯に沿って見てきました。実際の経営の場においては、これらの理論を活用して具体的組織・機能・業務を設計・再構築することが大事になります。本章では、具体的な組織戦略と組織構造の基本的な考え方を整理します。

13.1　組織の基本構造と進化

　経営組織には、いくつかの基本構造があります。どのような基本構造を採用するかは、企業が採用する戦略によって異なり、戦略を実現する上で最も有効かつ効率的と思われる構造が選択されます（図表13-1）。

図表 13-1　組織の基本構造

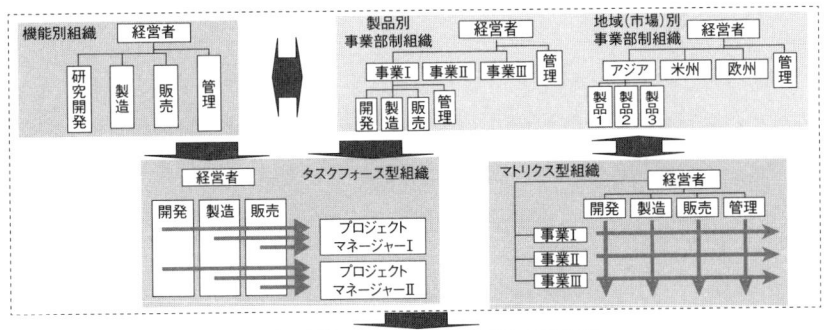

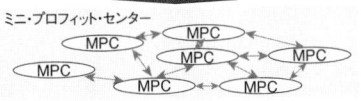

(1) 機能別組織

　最も基本となる組織構造は機能別組織です。組織はそれぞれ専門の機能領域別に編成されるので、専門性・効率性の追求がし易くなります。組織のくくりとしては、研究開発、製造、販売といった事業運営に直結する機能組織と、人事・総務・経理等の管理部門組織があります。

　機能別組織はそれぞれの組織が機能単位に特化して権限委譲されているので、機能の有効性を高める上でたいへん有利な構造です。企業が一つの事業領域しか持たない場合には、基本的には機能別の組織構造が採用されます。しかし、企業が成長し複数の事業領域を持つようになると、機能別組織の構造のままでは対応力が不足するようになります。

(2) 事業部制組織

　機能別の組織構造は、それぞれの組織が機能に特化していて個別機能領域のパフォーマンスに対しては責任を持てるのですが、事業を構成する機能連鎖全体を束ねて、事業のトータルなパフォーマンスに対して責任を持つ組織が存在しません。事業全体を統括してそのパフォーマンスに対して責任を持てるのは社長（経営者）だけということになります。そのため、事業構造が比較的単純な場合には機能別の組織構造でも対応できるのですが、事業領域が多角化しその構造が複雑になると、事業に対する責任を分担する組織のくくりが必要となります。

　事業領域というのは戦略の単位であり、事業という戦略単位を組織の編成基準とするのが事業部制組織です。事業という戦略単位で組織を束ねることにより、組織は特定の機能領域ではなくある事業戦略単位に特化します。その結果として事業のトータルなパフォーマンスに対して責任を持つことになるので、事業戦略の有効性が高められることになります。

　事業戦略単位は、製品領域別に構成されるのが一般的ですが、地域市場戦略単位や顧客市場戦略単位というくくりである場合もあります。また、事業別組織の類型としては、複数の事業部を束ねた「事業本部制」や、一般の事業部制よりも分権化度合いの強い「カンパニー制」あるいは「（社内）分社制」等があります。事業別分権経営のもっとも徹底した組織体制としては、純粋持ち株会社による分社経営があります。

本来の事業部制組織は、事業が必要とする内部バリューチェーン機能を全て事業部組織内で持つことが原則なのですが（完全事業部制）、現実の経営においては機能の有効性を優先して事業部組織を横断する機能別組織も設置されるケース（不完全事業部制）が多く存在します。

(3) タスクフォース型組織

　恒常的な組織対応ではなく、テーマに対応のタスクフォースを時限的に設置して事業運営に当たる方法があります。製造業であれば、技術開発や新製品開発等がプロジェクト・テーマ案件となります。その時々のニーズをプロジェクト・テーマとして特定し、そのプロジェクト・テーマの遂行に必要な人材を既存の組織から臨機応変に集めることができるので、事業運営の柔軟性を維持することができます。

(4) マトリクス型組織

　これまで見てきたように、組織の編成基準には「機能別」、「製品事業別」、「市場・顧客事業別」等がありますが、複数の組織編制基準を同時に採用するのがマトリクス型組織です。一般的には、「製品別事業管理と機能別管理のマトリクス」や「製品事業別管理と地域市場別管理のマトリクス」が採用されています。マトリクス型組織は、複数の組織編制基準に基づく管理を実現するので、管理水準が高まるというメリットがあるものの、実際の組織運営においては指揮命令系統が一元化されないので、指示の混乱が生じ易く調整コストが高まる傾向があります。そのため、完全なマトリクス型の組織運営ではなく、一つの管理基準を主に、もう一方の管理基準を従と位置付けた運用を行っているケースも多く存在します。

(5) マイクロ・プロフィット・センター

　非常に小さな自律分権組織の活動に任せた組織運営の形態も存在します。このような小単位の自律分権組織のことを、「ミニ・プロフィット・センター」あるいは「マイクロ・プロフィット・センター」と言います。「アメーバ組織」や「独法」と呼ばれることもあります。小単位の自律分権組織が、経営が実現しようとしている価値観を共有し自らのミッション・達成目的を

明確に認識し、それぞれの自律組織が自己の最適化を目指して活動すれば経営が実現しようとしている目的も実現するという考え方に立脚した組織運営方法です。有機的な組織運営の一つの理想形であるとも言えるのですが、実際には高度な組織文化の醸成や経営者の強い求心力といったいくつかの条件が揃わないと実現困難な仕組みです。

(6) 組織構造の進化経路

いろいろな組織構造についてみてきましたが、完璧なあるいは究極の組織構造というものは存在しません。それぞれにメリットとデメリットがあるからです（図表13-2）。

図表13-2　それぞれの組織構造のメリット・デメリット比較

組織形態	メリット	デメリット
機能別	・機能単位の有効性・効率性が高められる。 ・従業員の専門性が高められ易い。 ・機能戦略が充実する。	・事業責任を負う部署が存在しない（経営の負荷増）。 ・全社利益よりも機能最適の追求になりがち。 ・ゼネラルマネージャーが育ちにくい。
事業部制	・多角化した事業領域に対応できる組織構造である。 ・事業業績に対する責任の所在が明確である。 ・事業戦略単位での自律的な活動が促進される。 ・事業に関する意思決定が迅速になる。 ・経営陣の業務負荷が軽減される。 ・特定の業領域の運営を任されることで次世代の経営者育成につながる。	・事業別に機能が分散配置されるので機能の効率性・専門性が高まりにくい。 ・事業最適を追求するあまり、事業間で資源の奪い合いが等が発生する。 ・事業責任追及が厳しくなる分先行投資やリスクを伴う活動が阻害される。 ・本社による職能的機能の発揮が困難になる。
タスクフォース型	・恒常的な組織単位ではなくプロジェクト・テーマごとの柔軟な活動が展開可能。 ・テーマ遂行に必要な適材の投入が可能。	・プロジェクト・マネージャーと組織の長の利害対立が発生する。 ・プロジェクト・マネージャーの属人性が高くなる。
マトリクス	・複数の組織編制基準（事業と機能、事業と市場等）に基づく高い専門性ときめ細かなマネジメントが実現する。	・指揮命令系統の複雑化、重複化が避けられず最終意思決定権限と責任の所在が曖昧になる。 ・組織間の調整業務が増える。
ミニ・プロフィット・センター	・自律性の高い組織の相互連携による有機的な組織運営が実現される。 ・環境変化に対する高い対応力を持つ。	・経営理念・組織文化が高いレベルで共有化されていないと混沌を招く。 ・求心力維持の仕組みが必要。

Chandlerが「組織は戦略に従う」と指摘したように、どのような戦略を推進しようとしているのか、そのためのバリューチェーン構造や組織能力要件は何であるのかといった要因を考慮して組織を設計する必要があります。また、組織構造の進化パターンについては、機能別組織から事業の多角化に伴う事業部制組織への移行という一つの大きな基本的な流れはあるものの、それが絶対であるとは言えません。事業部制組織を採用していた企業が、事業部制組織のデメリットを解消するために、機能別組織に組織改革することもあります。

　前述のように、組織設計においては追求しようとしている戦略に対する深い理解と洞察が大事です。最適な組織構造は存在しないので、戦略に対する理解とともに、現在の組織が抱えている問題を解決するためには組織にどのような変革を加えることが望ましいのかを考えることも大事になります。分権化と集権化の度合い、事業戦略と機能戦略に対する力点の置き方等、メリットがいつの間にかデメリットに置き変わっていることは珍しいことではありません。一方向的な進化や最適水準が存在すると考えるのではなく、今のポジションと問題点を認識し、組織を変化させることによってどのような効果が期待できるかを見極めることが大事です。

13.2　分権事業組織に関する論点

　分権事業組織と言えば、一般的には事業部制組織のことを意味しますが、事業部制組織の分権度合いは一様ではありません。日本企業における事業部制組織の分権化の推移を追って見ることにします。

　従来日本企業による事業部制組織は、権限委譲も少ない代わりに事業業績責任の追及も緩やかな不完全事業部制を志向する傾向が強く見られました。しかし、経済の停滞による企業業績の悪化を受けて、1990年代後半から2000年初頭にかけて、事業遂行権限を分権事業組織側に大きく委譲して事業業績責任を強く追及する完全事業部制に転換することで、業績の立て直しを加速させようとする動きが広くみられるようになりました。いわゆる「カンパニー制」組織や「（社内疑似）分社制」への組織改革です。さらに、純粋持ち株会社の解禁を受けて、本格的な分社経営に移行する企業も現れまし

た。

　この時期に進められた経営改革の概要は次のようなものでした。

① 戦略単位（SBU：Strategic Business Unit）としての分権事業組織の括りの見直し（自律的な事業活動が可能な組位織単位への大括り化）。
② コア事業（中核事業）や機能を強く意識した選択と集中。
③ 事業連結管理体制を確立するためのグループ企業再編。
④ 企業価値志向の業績評価制度の導入（バランスシートやキャッシュフローを意識した評価指標）。
⑤ コーポレート・ガバナンス体制の強化（執行役員制や社外取締役の採用による取締役会改革、監督機能強化）。

　分権事業組織の分権化度合いが高まると、カンパニー等の内部組織と分社といった外部組織の管理・運営方式にはあまり差が見られなくなります（図表13-3）。

図表13-3　分権経営の発展段階別の特徴

組織形態	従来型事業部制	カンパニー制	分社／持株会社
責任の範囲	限定的な責任範囲（機能別範囲）	事業に対する包括的責任（子会社も原則統制下）	事業に対する包括的責任
主要業績指標	P/L項目	P/L+B/S項目	P/L・B/S項目+事業価値
資本金	配賦せず	社内資本金制度を採用	親(持株)会社による出資
内部留保	内部留保せず	内部留保有り	内部留保有り
配当	配当概念なし	配当や社内金利制度	配当責任
投資権限	本社決済が原則	利益再投資の色彩が強まる	独立法人格の投資権限
人材の帰属	本社採用	本社採用	個別採用+グループ人材
マネジメントの仕組み	全社統一基準	全社統一基準が原則	グループプラットフォームに準拠した企業別マネジメント
事業構造変革への取り組み	企業の範囲内で本社が主導	グループの範囲内で本社が主導	グループ外企業間結合の可能性が高まる

　カンパニー等の社内分権組織であっても、分社といった法人格が異なる組織であっても、本格的な連結経営の時代にあっては、強い分権化度合いの分権事業組織が実現すべき姿は一致したものとなっている（図表13-4）。

第 13 章　組織戦略と組織開発　129

図表 13-4　分権事業組織のあるべき姿

項目	内容
ミッション	●顧客に提供する価値の増大と機能効率の向上による持続的な事業価値の拡大
責任	●経営に対してコミットした成果（＝事業業績）の達成： ・事業の成長性：売上高 ・事業の収益力：利益、キャッシュフロー ・事業の効率性：ROA
権限	●コミットした業績を達成するための事業遂行上必要な権限全てが委譲される（ただし、本社留保権限が優先） ・ビジネス・モデルの設計　　　　　・組織機能の設計と人員配置 ・製品戦略・市場戦略・機能戦略　　・管轄する組織・人員に対する指揮・命令・ ・コスト構造の設計　　　　　　　　　評価 ・必要な経営資源・資産の獲得　　　・内部留保の使途
重要な仕組み	●分権経営の有効性を担保する上で重要な仕組み： ・内部資本金制度、社内金利制度を含む管理会計制度 ・業績評価制度 ・幹部職における事業業績に基づく人事考課制度

13.3　本社機能に関する論点

　一般に、本社組織機構が持つ機能は以下に示す4つの機能類型がある（図表 13-5）。

図表 13-5　本社組織機能が持つ機能の 4 類型

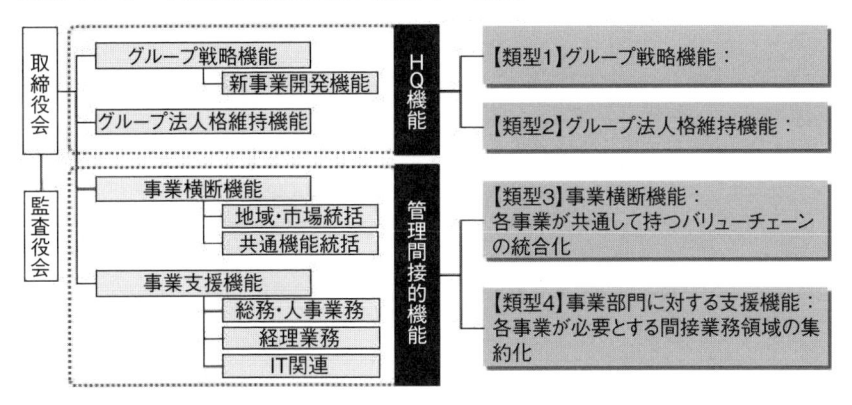

　本来の本社機能は、コーポレート機能あるいはヘッドクォーター（HQ）

機能と呼ばれ、グループの戦略経営を推進する機能と法人格を持つグループ組織を社会的な枠組みの中で適正に維持していくための機能とがある。グループの戦略経営ではグループ企業価値の継続的な増大を、またグループ法人格維持では社会が企業に求める公的な責任・役割を果たすことを目指すものです（図表13-6）。

図表13-6 本社の本来機能としてのHQ機能の概要

組織形態	グループ戦略機能	グループ法人格維持機能
ミッション	●グループ経営トップのグループ戦略の策定およびその遂行管理に関する活動を補佐・代行することにより、持続可能な利益を実現し、将来的なグループ価値を増大させる。 ・事業構造の変革と最適化のための戦略 ・戦略実現のための経営資源配分 ・重要戦略課題への対応 ・グループ内共通マネジメント・コンセプトの確立 ・事業（企業）間シナジーの追求グループ戦略の実現に必要なグループの稀少資源の活用・管理	●グループ経営トップのグループ法人格維持に関する活動を補佐・代行することで、グループとして果たすべき（広義の）社会的な責任を高いレベルで実現し、将来的なグループ価値を増大させる。 ・グループのコンプライアンスの維持・向上 ・グループのアカウンタビリティの維持・向上 ・グループの対外的なプレゼンスやレピュテーションの維持・向上 ・その他法人格の維持に関連する機能全般
責任	●ステークホルダーに対してコミットした成果（＝持続可能利益に裏付けられた企業価値の増大）の達成。	●グループを束ねる法人としてステークホルダーに対して実現すべき社会的責任経営の実践。 ・目標とする社会的責任経営レベルの達成 ・ステークホルダー満足の達成
権限	●グループ戦略を実現して企業グループとしてのトータル・パフォーマンスを最大化するために必要な意思決定を行い、それを経営に上申する権限。 ・分権事業・組織の目標設定 ・重要・稀少な資源の調達と再配分 ・共有資源の使用管理 ・許容リスクの判断 ・マネジメント・プラットフォームの設計 ・事業構造の転換 ・グループ企業構造の変更 ・分権事業の執行状況の監督・評価	●企業グループとして実現すべき社会的責任経営の実践に必要な権限。 ・社会的責任経営のための制度・規則・標準の設計とその執行状況の監督・評価 ・不適切な活動（意思決定、業務プロセス、取引関係、情報発信、等）に対する是正措置 ・グループ外企業・機関とのコミュニケーション

13.4　管理間接的機能に関する論点

　分権事業組織に属さない組織部門を全て「本社組織機構」としてとらえるのであれば、管理間接的機能は全て本社組織機構に含まれることになります。管理間接的機能には、複数の分権事業組織に属する機能を束ねた「グループ横断機能」と事業組織の活動の業務処理的機能を支援する「グループ支援機能」とがあり、いずれも機能が束ねられることによる生産性や業務効率性の向上を目指すものです（図表 13-7）。

図表 13-7　管理間接的機能の概要

組織形態	グループ横断機能	グループ支援機能
ミッション	●事業のバリューチェーン機能を統合化することにより稀少な資源の有効利用を図り、機能の専門性と効率性を高いレベルで実現し、グループの経営効率改善に寄与する。 ・グループの開発機能 ・グループのマーケティング機能 ・グループの資材購買・調達機能 ・グループの生産・ロジスティクス機能 ・グループの拠点統括機能、等	●グループ内の共通支援機能を集約することにより、機能の専門性と効率性を高いレベルで実現し、グループの経営効率改善に寄与する。 ・グループの総務的業務機能 ・グループの人事的業務機能 ・グループの経理的業務機能 ・グループのシステム開発・運用的業務機能
責任	●機能の有効性を高めることによるバリューチェーンの競争力強化。 ・機能としての競争力強化 ・機能領域の拡大 ・機能の生産性・コストの改善	●機能の有効性を高めることによるグループ内のユーザー部門に対するサービス度の向上。 ・業務範囲の適正化（拡大） ・ユーザー・スコープの適正化（拡大） ・業務品質（サービス・レベル）の適正化 ・業務生産性・コスト効率の改善
権限	●機能の有効性を高める上で必要な権限。 ・機能プロセスの設計・改善 ・機能のパフォーマンスや競争力水準の設定 ・機能としての能力構築・資源蓄積	●機能の有効性を高める上で必要な権限。 ・業務範囲・ユーザー範囲の設定 ・業務のコスト・パフォーマンス水準の設定 ・業務プロセスや処理方法の設計・改善

13.5 本社改革

　分権事業組織運営が強化されてきましたが、分権化の推進だけでは遠心力ばかりが働き、一つのグループ企業として存在することの意義が薄れてしまいます。そのため、分権事業運営強化と並行して、本社改革を実行することによりグループ企業としての求心力を維持する必要があります。
　本社改革では、HQ機能を中心にコア業務への特化による戦略機能の強化を進める一方で、プロセス業務領域においては徹底した業務の効率化を進める必要があります（図表13-8）。

図表13-8　本社改革の基本的な方向性

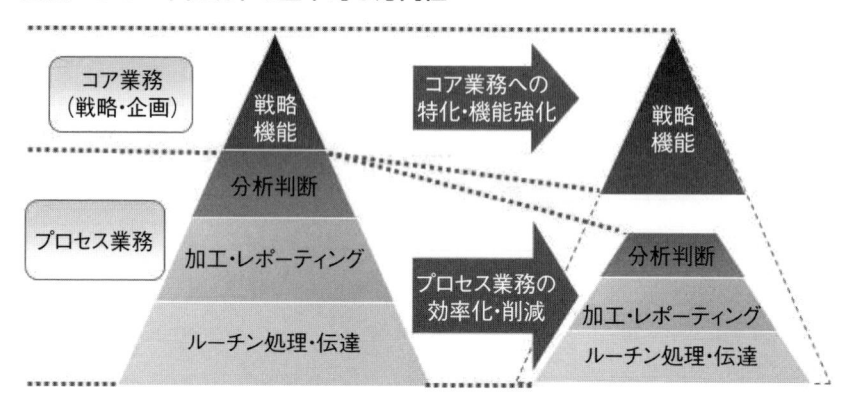

```
          戦略                              戦略
          機能    ← コア業務への →         機能
                   特化・機能強化
   コア業務
  （戦略・企画）
                分析判断                  分析判断
   プロセス業務
              加工・レポーティング  ← プロセス業務の →  加工・レポーティング
                                   効率化・削減
              ルーチン処理・伝達              ルーチン処理・伝達
```

　HQ機能の強化・再構築には、①能力構築対応と、②インフラ（制度・仕組）整備対応の2つの対応領域があります。計画的な対応が可能なのは後者ですが、それは必要条件性を満たすに過ぎず、十分条件性を満たすためには①の能力構築にも取り組む必要があります。
　インフラ整備には、グループ経営コンセプトの再構築、各種制度・規定類の設計、新制度・規定等の周知徹底、運用レベルの精緻化といったプロセスで進めます。能力構築対応はインフラ整備と並行して、実践を通じた創発的なノウハウの獲得と進化によって実現します（図表13-9）。

第13章 組織戦略と組織開発　133

図表13-9　HQ機能強化の考え方

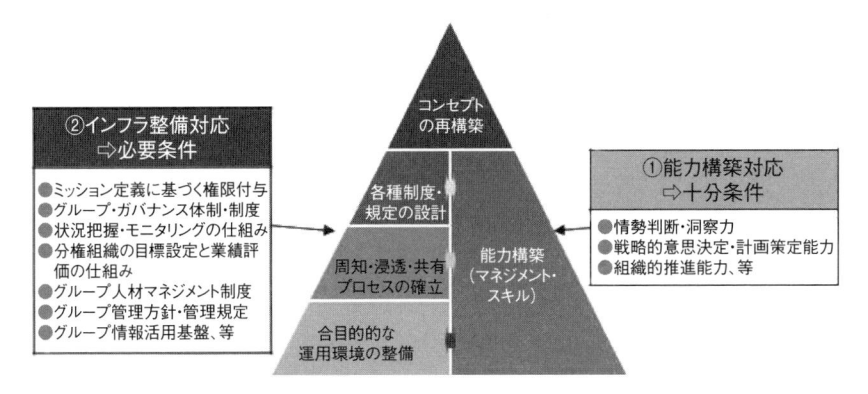

②インフラ整備対応
⇨必要条件
- ミッション定義に基づく権限付与
- グループ・ガバナンス体制・制度
- 状況把握・モニタリングの仕組み
- 分権組織の目標設定と業績評価の仕組み
- グループ人材マネジメント制度
- グループ管理方針・管理規定
- グループ情報活用基盤、等

（ピラミッド図）
- コンセプトの再構築
- 各種制度・規定の設計
- 周知・浸透・共有プロセスの確立
- 合目的的な運用環境の整備
- 能力構築（マネジメント・スキル）

①能力構築対応
⇨十分条件
- 情勢判断・洞察力
- 戦略的意思決定・計画策定能力
- 組織的推進能力、等

　プロセス業務領域における業務の効率化は、①ゼロベースでの廃止、②レベルの低減、③組織間での分担や権限の見直しを含む作業プロセスの変更といった手順に沿って進められるのが一般的なアプローチです。近年では業務の外部委託化を含む体制再構築にまで至るケースが多くなっています（図表13-10）。

図表13-10　プロセス業務領域の効率化の考え方

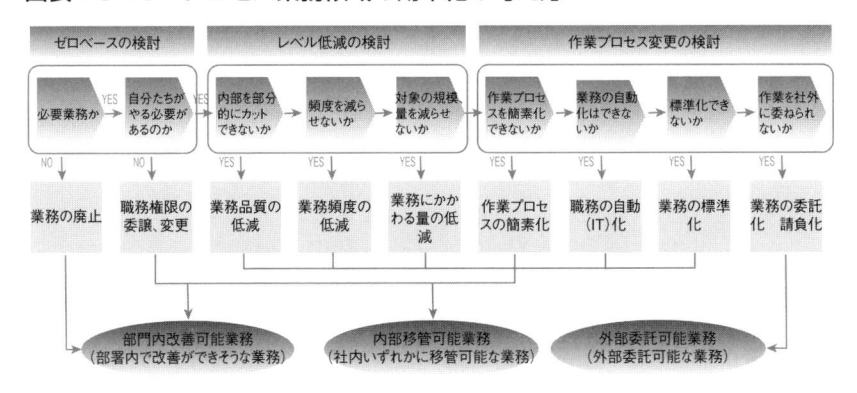

ゼロベースの検討	レベル低減の検討	作業プロセス変更の検討

- 必要業務か → NO → 業務の廃止
- 自分たちがやる必要があるのか → NO → 職務権限の委譲、変更
- 内部を部分的にカットできないか → YES → 業務品質の低減
- 頻度を減らせないか → YES → 業務頻度の低減
- 対象の規模・量を減らせないか → YES → 業務にかかわる量の低減
- 作業プロセスを簡素化できないか → YES → 作業プロセスの簡素化
- 業務の自動化はできないか → YES → 職務の自動（IT）化
- 標準化できないか → YES → 業務の標準化
- 作業を社外に委ねられないか → YES → 業務の委託化・請負化

- 部門内改善可能業務（部署内で改善ができそうな業務）
- 内部移管可能業務（社内いずれかに移管可能な業務）
- 外部委託可能業務（外部委託可能な業務）

第14章

グループ経営構造

　本社機能に関する論点で、「グループ戦略」という概念が登場しましたが、多くの企業は単独の法人組織だけが独立した経営を行っているものではありません。中核会社（親会社）を頂点に、複数の子会社・孫会社がグループを形成して事業を営んでいます。

　以前は親会社中心の経営が展開されていましたが、今日では中核会社が支配するグループ会社群を包括的に経営することが求められています。

14.1　グループ経営フレーム

　一般的に、多角化した事業構造を持つ企業グループは、①グループHQ（Head Quarter）、②連結事業ユニット（SBU）、③シェアードサービス、と

図表14-1　グループ経営の基本フレーム

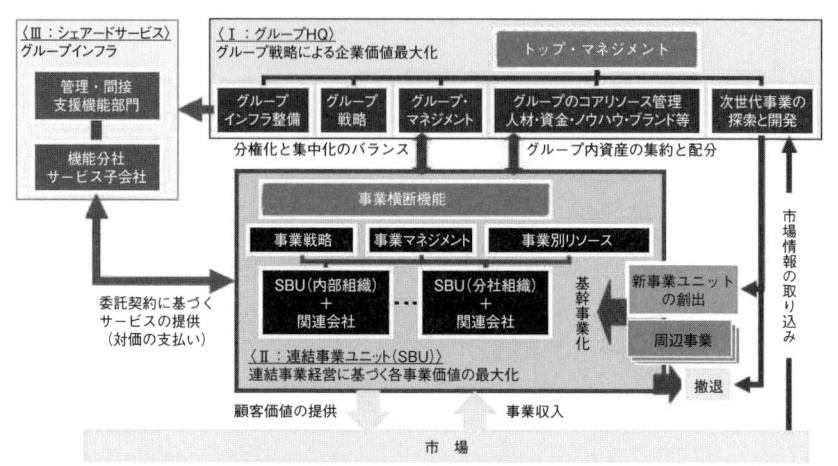

いう3つの基本ユニットから構成されます。それぞれの基本ユニットのミッション・役割を明確化する必要があります（図表14-1）。

それぞれの基本ユニットの概要と要件に考え方ついては、既に第13章で見た通りです。グループ企業の構造をこれら3つの基本ユニットを構成要素とするフレームに照らして考えることが、グループ経営のあり方を検討する上ではとても有効です。ただし、実際の企業の境界やグループ組織構造は、必ずしもグループ経営フレーム通りの設計にはなっていません。

14.2　グループ経営の発展段階

今日では、連結経営の視点で企業グループを経営することが前提となっています。しかし、実際に展開されているグループ経営には、いろいろなレベルがあります。一般論として、グループ経営には4つの発展段階レベルがあると考えられます（図表14-2）。

図表14-2　グループ経営の発展段階

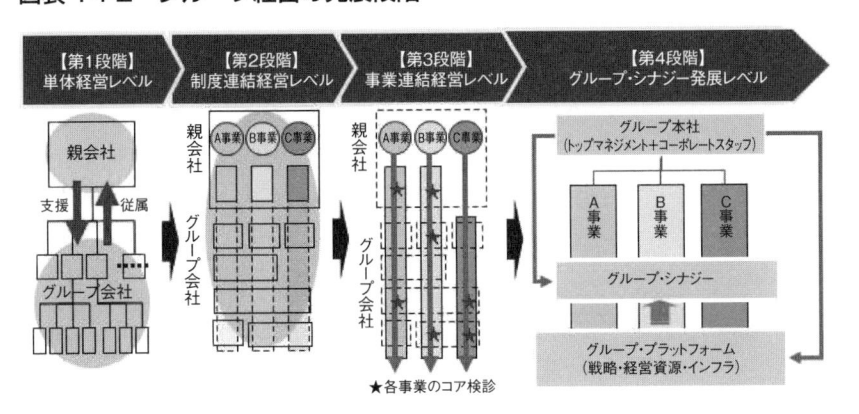

連結経営が制度化される以前は、第1段階の親会社中心の単体経営レベルにある企業が大半でした。親会社とグループ会社とは支配と従属の関係にありました。連結経営が制度化されてからは、親会社とグループ会社の関係が、少なくとも業績面においては同等となり、制度会計の枠組みの中での企業レベルの連結経営が実現する第2段階に発展しました。第2段階のグループ経営では、中核会社において「事業部・事業本部」と称される組織（日本型不

完全事業部制）を採用し、会社レベルでの制度連結はできているが事業（SBU）単位での管理連結は未完成な状況にあります。PL管理が主体で、各組織は自部門の業績改善に注力するが事業（全体）最適での意思決定が不十分と言えます。

　分権経営の徹底による事業レベルでの競争力強化を目指す企業では、制度レベルの連結経営だけでは不十分なため、SBU単位での事業連結経営が実現する第3段階のグループ経営に進化しました。第3段階のグループ経営では、中核会社において「カンパニー・分社」と称される組織（完全事業部制）が採用される傾向にあります。SBU単位での管理連結が完成し、個別組織の業績ではなく、事業としての業績目標の達成が重視されるようになります。BS/CF項目（EVAやROE等）も管理対象となります。

　第3レベルのグループ経営は、個々の事業競争力強化には適しているのですが、自律分権化を強く追求し過ぎるあまり事業間の壁が高くなり過ぎ、部分最適・短期成果志向の弊害が次第に現れるようになりました。その結果次のステップとして、第4段階のグループ・シナジー発揮レベルが志向されるようになりました。ただし、第4段階のグループ経営レベルは未だ完成途上にあり、第3段階のグループ経営が定着して成功を収めた企業集団が次の進化ステップにおける達成目標としているという状況にあります。現実には、企業集団によるグループ経営の多くは、第2～第3段階レベルにあるというのが実態です。

　グループ経営改革に取り組むに当たっては、次企業集団が現在どのグループ経営レベルにあるのかを的確に認識したうえで、目指すべき発展段階を設定し、その実現に向けた施策を展開する必要があります。グループ経営の仕組みを再構築する際には、次に示すグループ経営のタイプが一つの参考になります（図表14-3）。

図表 14-3　グループ経営のタイプ別特徴

類型	経営レベルの業績目標	分権組織のミッション	分権組織の業績評価項目	分権組織の業績目標設定方法	分権組織の業績評価結果の活用方法
Ⅰ：単体の業績追求	●PL指標（売上高、経常利益、経常利益率、等） ●BS項目のうちの重要指標（有利子負債、投資額、在庫、等）	●事業一貫体制の組織はなく事業の部分集合 ●経営目標を達成するためにHQが設定した組織業績目標の達成（対前期比、業界動向や経済情勢を加味した組織業績目標）	●PL指標（売上高、経常利益、経常利益率） ●重要機能効率指標（重要BS指標、戦略展開のKPI）	●各分権事業組織の目標を集計した後に全体調整	●人事考課要素の一つ ●明確な活用方針は存在せずケースバイケースで課題抽出のための基礎情報として活用
Ⅱ：グループ本社主導によるグループ価値追求				●トップダウンで組織別目標を設定後、調整	
Ⅲ：個別事業の競争力の集積によるグループ価値追求	●グループ価値の増大 ●グループの成長性 ●グループの経営効率性	●事業一貫体制においてそれぞれの事業領域における業界／市場ポジションを改善 ●事業一貫体制で経営目標の部分達成に寄与	●事業価値の増大 ●事業の成長性 ●事業の効率 ●戦略展開のKPI	●各分権事業組織の目標を集計した後に全体調整	●グループ事業構造の進化とそのための資源配分の決定 ●分権事業の責任者の評価
Ⅳ：個別事業価値とグループ・シナジーの同時追求				●トップダウンで組織別目標を設定後、調整	

14.3　グローバル化時代におけるグループ経営

　グループ経営は、SBU単位での事業連結経営から、グループ・シナジー発揮に向けた進化がひとつの大きなテーマとなっています。グループ・シナジーを追求するためには、事業を横断的・包括的に戦略対応のための本社機能の再強化が大きな課題となります。

　グローバル経営時代における本社機能を強化では、リージョナル・ハブ組織を介したグループ本社の職能機能の発揮が必要になると考えられていま

す。グローバル事業展開が拡大し現地法人数が増加すると、グローバル本社一極による戦略的職能機能の発揮は限界が来ます。ローカルな事業運営組織とグローバル本社の間のインターフェースとしてリージョナル・ハブを設置することにより、地域特性により細かく配慮した職能機能の発揮が可能になります（図表14-4）。

図表14-4　地域統括機能による統制

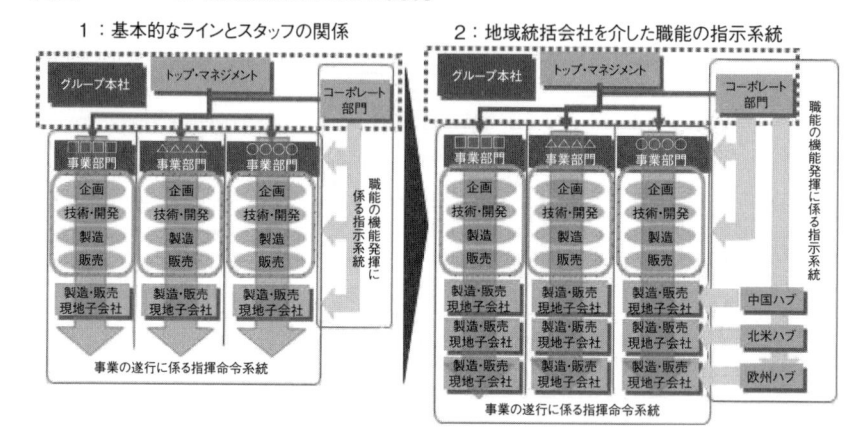

既に地域統括会社を設置している企業集団はありますが、本格的な地域統括機能を持つリージョナル・ハブの設置はこれからの取組課題です。将来、本格的な地域統括機能が設置されるようになると、グローバル・グループ経営は一段と複雑さを増します。

これまでのグローバル事業は、親会社と現地子会社の意思決定権限の所在に関して、分権化と集権化の２つの力が働くので、グローバル統合とローカル適合という２軸を考慮した４類型のモデルを考えてきました。一方で、多角化した事業構造を持つ分権経営組織体制では、本社が持つ権限と、事業部門に委譲された権限の関係という２軸での議論が展開されてきました。

グローバル事業連結経営では、これらまで別個に展開されてきた２つの議論を融合する必要があります。すなわち、グローバル事業連結経営は、①SBU（事業部門）の責任・権限、②地域（現地法人・地域統括）の責任・権限、③グローバル本社の責任・権限、という３軸のバランスの上で設計することが必要になります（図表14-5）。

図表 14-5　グローバル経営の視点

従来の国際事業の分類

縦軸：グローバル統合（低〜高）
横軸：ローカル適合（低〜高）

	ローカル適合 低	ローカル適合 高
グローバル統合 高	**グローバル型** ●集中大量生産による規模の経済性を武器に、各国市場を深耕。 ●中央集権型、海外現法は親会社の戦略に沿って行動。 ●母国で構築された能力を各国に展開。	**トランスナショナル型** ●他3つの要素を併せ持つ。 ●各現地法人は地域経営の要として機能。 ●各国の組織ミッションが設定され、それらをグローバル・レベルで統合することで、知識・ノウハウの共有を促進。
グローバル統合 低	**インターナショナル型** ●親会社で開発蓄積したノウハウや技術を各国に展開。 ●能力移転は一方向的。 ●中核的な能力は中央集権で、その他については分権的に対応。	**マルチナショナル型** ●各現地法人は自律・分権的に運営され、中央のコントロールは限定的。 ●現地化が徹底、個別市場対応力が高い。 ●地域間での能力・ノウハウの移転はない。

本社と事業の関係

縦軸：事業の権限（弱〜強）
横軸：本社の権限（弱〜強）

	本社の権限 弱	本社の権限 強
事業の権限 強	**事業連結強化型** ●分権事業組織の責任・権限が明確。 ●事業間での連携よりも、事業スルーでの戦略マネジメント・コントロール体制を実現することが優先。	**グループ・シナジー追求型** ●個別事業毎の戦略マネジメント・コントロールと本社による全体最適が両立。 ●グループ資源活用型のシナジー発揮。
事業の権限 弱	**機能別単体経営型** ●事業構造が単純、かつその競争優位要因が安定している。 ●個別機能組織がそれぞれの役割を適正に果たすことで業績は確保される。	**制度連結対応型** ●事業別戦略の高度化よりも、グループ内機能の連携に対する優先度が高い。 ●本社がグループ全体を統括することで業績を確保。

　グローバル事業連結経営の課題はある程度明確化されていると言えますが、それがどのような姿として実現されるべきかについては、今後さらなる研究が必要と考えます。

第15章

戦略マネジメント・コントロール

　最後に、これまでの議論を総括して、戦略マネジメント・コントロールの視点から、経営のあるべき姿を考えてみます。経営にはさまざまなレベルのプラニングや意思決定が必要とされますが、経営組織論・経営管理論の中心的テーマは戦略のマネジメント・コントロールだと言えます。

15.1　戦略マネジメント・コントロールの階層構造

　第2章で述べた通り、戦略には階層性があるので、そのマネジメント・コントロールにも階層構造が自ずと発生することになります。ある階層の戦略目標を達成するためには、その戦略の実現に必要な下位の活動要素をコントロールする必要があります（図表15-1）。

図表15-1　戦略マネジメント・コントロールの階層

階層	戦略達成目標とコントロール手段	コントロール指標
経営トップ	●企業価値の最大化 ・事業構造の改革 ・資源配分の適正化 ・資産の蓄積	●絶対的な価値指標 ・グループ価値とそれを構成する事業別価値 ・資金調達コスト ・保有資産
事業責任者 （SBU長）	●事業価値目標の達成 ・製品・機能・市場戦略の実現 ・機能のパフォーマンス向上 ・蓄積資産の活用	●目標業績指標 ・事業業績 ・機能レベルのパフォーマンス指標 ・KPI
機能責任者 （ライン長）	●各機能の効率性目標の達成 ・機能のパフォーマンス目標の実現 ・業務プロセスのパフォーマンス向上 ・組織能力の蓄積	●目標業績指標 ・機能のパフォーマンス ・業務レベルのパフォーマンス指標 ・KPI

15.2 SBUのマネジメント

近年の分権事業管理におけるひとつの大きな潮流として、資本市場を強く意識した事業価値重視のマネジメントが挙げられます。企業集団として達成することをコミットした経営目標と連動した事業業績目標が設定され、それをSBUの責任業績にするというマネジメント方式です。企業全体の経営効率を向上させたという成果が得られた反面、SBUの活動が短期成果指向・縮み指向になるという弊害も発生しました（図表15-2）。

図表15-2　SBU業績の管理

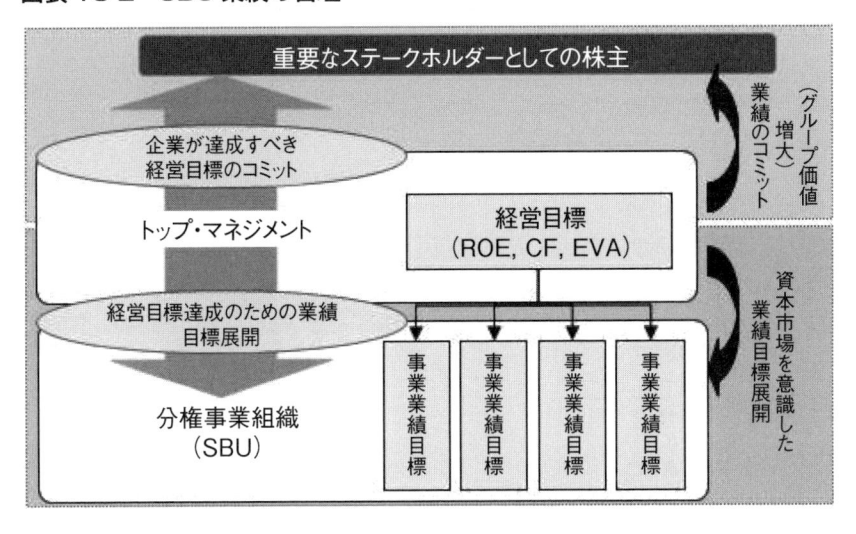

SBU が経営から与えられた業績目標を達成するためには、SBU の業績目標を内部のマネジメント目的向けに変換することが必要です。一般的には、SBU の内部を構成するのは機能別の組織であり、機能別の組織に事業価値的な業績目標を展開することはできないからです。SBU 内部の戦略マネジメント・コントロールでは、事業を構成するバリューチェーンのパフォーマンス目標に対する PDCA が大事になります（図表 15-3）。

図表 15-3　SBU 内部のマネジメントへの展開

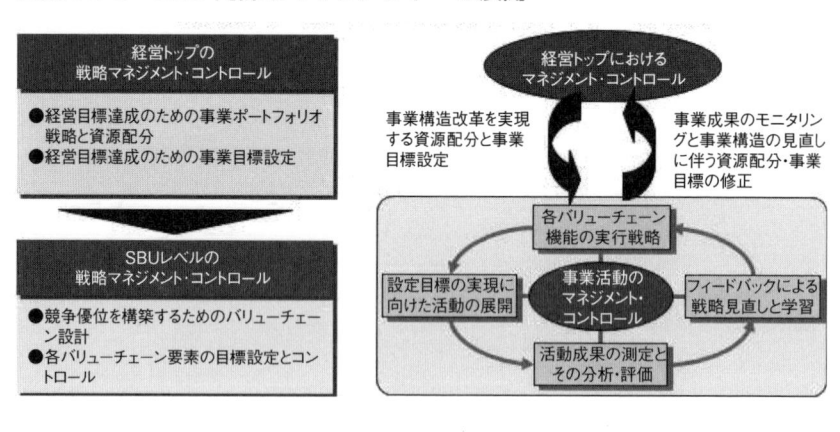

SBU および SBU 内部の戦略のマネジメント・コントローを充実するためには、SBU 内部の活動実態に即した、経営目標項目とは異なる視点での業績管理指標が必要になります。そのためには、経営目標が展開された SBU 別の業績目標を、事業の活動実態に応じて、顧客別・機能別等の管理要件別の目標に展開する仕組みを整備することも必要になります。

通常の場合、組織を編成する上での3次元要素は、①事業領域、②機能領域、③市場領域であることが多く、これらの多次元的な業績管理を実現することで、組織区分の制約を超えた柔軟なマネジメントが実現できるようになります（図表15-4）。

図表15-4　組織の3次元要素視点からの管理

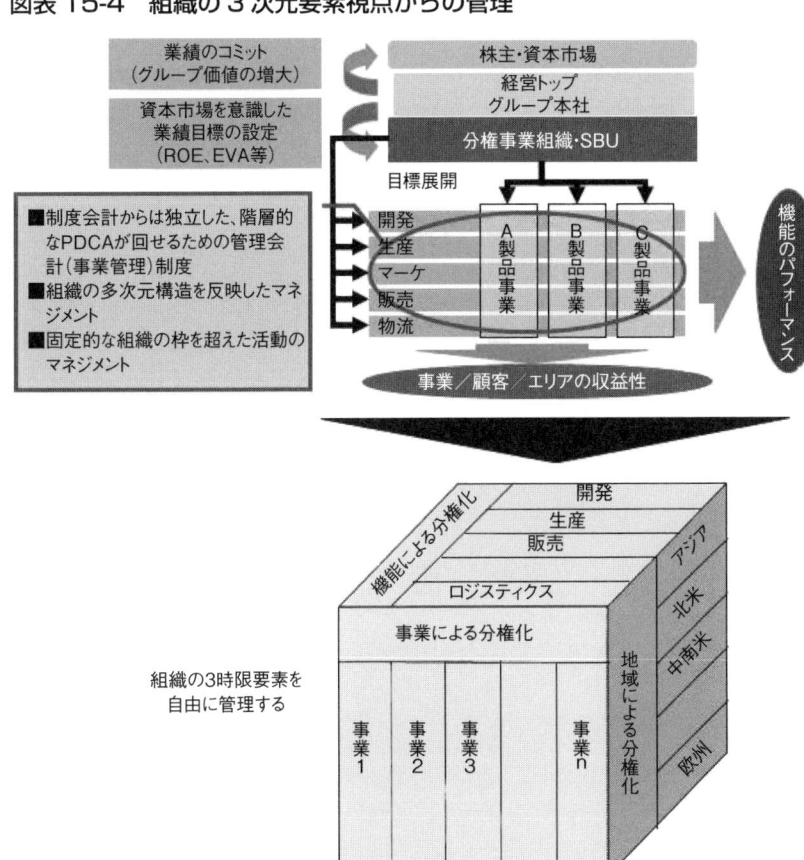

近年のICT技術の進歩により、このような多次元のメッシュで業績を管理することの実現性が高まってきました。業務プロセスの改善と合わせて、多次元経営情報を戦略マネジメント・コントロールに活用することを考える必要性が高まっています。

15.3 マネジメント・コントロールのための新たな取り組み

最後に、近年のマネジメント・コントロールの有効性を高めるためのいくつかのテーマを紹介します。

(1) バランスド・スコアカードとKPI

財務指標だけで戦略をコントロールすることは非現実的です。戦略の達成目標として財務指標が用いられるのは合理性があっても、それが戦略活動の全てを表しているものではありません。バランスド・スコア・カードは、財務視点以外にも顧客満足視点、プロセスの視点、学習と成長の視点を取り入れ、戦略をこれら4つの要素に展開してそれぞれについてKPI (Key Performance Indicator)を設定する方法です。

(2) 活動起点のマネジメント

マネジメントは、会計期間（年度）と連動したPDCAサイクルを回すのが一般的に採用されている方法です。しかし、戦略と連動した活動は必ずしも会計期間とは一致しません。活動起点のマネジメントは、戦略要素として最も重要な活動に着目して、その活動をひとつの戦略管理サイクルとして捉える考え方です。製品力による優位性を追求する事業であれば製品のライフサイクルを、顧客密着によるソリューション提供型事業であればアカウント別の活動を管理することが有効です（図表15-5）。

図表 15-5　活動管理の考え方

なぜ「アクティビティ」なのか
- 事業パフォーマンスの大勢は、ビジネス・モデルごとに異なる、特定の活動要素によって規定される。
- パフォーマンスを規定する要素（ドライバー）は、組織横断的で会計期間とも独立していることが多い。
- 従来の組織・期間を基準とする管理の他に、活動そのものの管理可能性を高めることが必要。

キーとなるアクティビティの認識
- 製品力で勝負する事業：
  ≻開発行為を起点とする一連のアクティビティ→ライフサイクル管理
- 提案力で勝負する事業：
  ≻顧客の囲い込みのための一連のアクティビティ→アカウント管理
- 設備形成で勝負する事業：
  ≻投資行為を起点とする一連のアクティビティ→設備収益管理

(3) 日本企業の経営課題と新潮流

　これまでのマネジメントというのは、全体目標を分業体制に即して分解し、活動の標準化と計画乖離の修正を実現することに主眼が置かれていたと考えられます。そのこと自体は悪いことではなく、企業経営にとって不可欠なアプローチです。しかし、これからの時代はイノベーションがキーワードになると考えられており、イノベーションの促進にはこれまでとは異なるマネジメント観が必要とされています。新しいマネジメント観が既に確立したとは言えませんが、前述の活動起点のマネジメントはひとつの方向性になるのではないかと考えます（図表15-6）。

図表 15-6　マネジメント観の転換

		これまでのマネジメント	これからのマネジメント
1.	目的（中心的達成目標）	●毎期の財務目標達成（＝短期成果追求の施策）	●持続可能な利益体質（＝イノベーションによる価値創出）
2.	管理の対象	●組織とその構成員としての人	●活動とその構成員としての人
3.	成果の測定期間	●所与の期間（年度、月次、等）	●それぞれの活動単位の期間
4.	達成すべき重要な成果指標	●財務的な価値とそれを生み出すための業務機能執行面における効率性	●顧客に提供する価値の増大と事業ポジショニング・組織能力の向上

[著者紹介]
小松原聡（こまつばら・さとし）
1956年東京都生まれ。1979年早稲田大学理工学部工業経営学科卒業。1979年株式会社三菱総合研究所入社、同社経営コンサルティング本部参与他、三菱商事株式会社企画調査部、埼玉大学経済短期大学部非常勤講師、関西大学大学院会計研究科特別任用教授等を経て、現在は三菱マーケティング研究会事務局長、早稲田大学理工学術院非常勤講師。専門領域は経営管理、人事・組織戦略、機能戦略、戦略マネジメント・コントロールで、組織・マネジメント・システム設計や経営計画・事業戦略策定に関する多数の経営コンサルティングのプロジェクトに従事。

〔主要著書〕
『グループ企業の管理会計』（共著：木村幾也他、税務経理協会、2005年）、『産業再生と企業経営』（浅田孝幸編、大阪大学出版会、2006年）、『商社』（監修、産学社、1999年版〜2005年版）、『経営構造改革と事業評価・管理システムの実際 研究叢書 No.118』（共著：浅田孝幸他、社団法人企業研究会、2002年）、他多数。

装丁 ……………佐々木正見
DTP制作………勝澤節子
編集協力 ………田中はるか

[図解]価値創造の経営学
グローバル競争時代の理論
発行日❖2013年4月5日 初版第1刷

著者
小松原聡

発行者
杉山尚次

発行所
株式会社言視舎
東京都千代田区富士見 2-2-2 〒102-0071
電話 03-3234-5997　FAX 03-3234-5957
http://www.s-pn.jp/

印刷・製本
㈱厚徳社

©Satoshi Komatsubara, Printed in Japan
ISBN978-4-905369-57-8 C0034

言視舎刊行の関連書

イノベーションのための理科少年シリーズ①

理系人生
自己実現ロードマップ読本
改訂版「理科少年」が仕事を変える、会社を救う

出川通著

「専門家」「技術者」というだけでは食べていけない時代…仕事と組織をイノベートするには「理科少年」の発想が最も有効。生きた発想とはどういったものなのか？理系エンジニアに限らず、どの分野でも使える知恵とロードマップ作成のノウハウ満載！

四六判並製　定価1600円＋税

イノベーションのための理科少年シリーズ②

「ザインエレクトロニクス」
最強ベンチャー論
強い人材・組織をどのようにつくるか

飯塚哲哉／田辺孝二／出川通著

最強ベンチャー企業「ザインエレクトロニクス」。そのCEOが語る強い組織の〝秘密〟。仕事に対する心構え、人材育成法から、日本のビジネス環境論、日本の技術を再生させる方策まで、イノベーションを実現する叡智の数々。

四六判並製　定価1400円＋税

自動車王フォードが語る

エジソン成功の法則

ヘンリー・フォードほか著
訳・監修　鈴木雄一

技術大国・日本の再生に、いまこそ必要なエジソン＝フォードの発想。エジソンはただの発明王ではない。商品化をつねに意識し、実現する起業家・事業家の先駆者であり、師エジソンに学んだからこそフォードは自動車王になれた。イノベーションのヒントがあふれ出る。

四六判並製　定価1400円＋税